Curadoria educacional

Práticas pedagógicas para tratar (o excesso de) informação e *fake news* em sala de aula

Dados Internacionais de Catalogação na Publicação (CIP)
(Jeane Passos de Souza – CRB 8ª/6189)

Garcia, Marilene Santana dos Santos
    Curadoria educacional: práticas pedagógicas para tratar (o excesso de) informação e *fake news* em sala de aula / Marilene Santana dos Santos Garcia, Wanderlucy Czeszak. – São Paulo: Editora Senac São Paulo, 2019.

    Bibliografia.
    ISBN 978-85-396-2887-2 (impresso/2019)
    e-ISBN 978-85-396-2888-9 (ePub/2019)
    e-ISBN 978-85-396-2889-6 (PDF/2019)

    1. Curadoria: Educação 2. Curadoria educacional 3. Curadoria digital 4. Práticas pedagógicas 5. Metodologias ativas - Curadoria 6. Informação: Aprendizagem 7. Fake news - Discernimento I. Czeszak, Wanderlucy II. Título.

19-983t

CDD-371.3
BISAC EDU029000

Índice para catálogo sistemático:
1. Curadoria educacional : Práticas pedagógicas   371.3

Curadoria educacional

Práticas pedagógicas para tratar (o excesso de) informação e *fake news* em sala de aula

Marilene Santana dos Santos Garcia
Wanderlucy Czeszak

Editora Senac São Paulo – São Paulo – 2019

ADMINISTRAÇÃO REGIONAL DO SENAC NO ESTADO DE SÃO PAULO

Presidente do Conselho Regional: Abram Szajman
Diretor do Departamento Regional: Luiz Francisco de A. Salgado
Superintendente Universitário e de Desenvolvimento: Luiz Carlos Dourado

EDITORA SENAC SÃO PAULO

Conselho Editorial: Luiz Francisco de A. Salgado
Luiz Carlos Dourado
Darcio Sayad Maia
Lucila Mara Sbrana Sciotti
Jeane Passos de Souza

Gerente/Publisher: Jeane Passos de Souza (jpassos@sp.senac.br)
Coordenação Editorial/Prospecção: Luís Américo Tousi Botelho (luis.tbotelho@sp.senac.br)
Márcia Cavalheiro R. de Almeida (mcavalhe@sp.senac.br)
Administrativo: João Almeida Santos (joao.santos@sp.senac.br)
Comercial: Marcos Telmo da Costa (mtcosta@sp.senac.br)

Edição e Preparação de Texto: Vanessa Rodrigues
Coordenação de Revisão de Texto: Luiza Elena Luchini
Revisão de Texto: Daniela Paula Bertolino Pita
Capa: Thiago Planchart
Projeto Gráfico: Marcio S. Barreto
Impressão e Acabamento: Gráfica Santuário

Proibida a reprodução sem autorização expressa.
Todos os direitos desta edição reservados à
Editora Senac São Paulo
Rua 24 de Maio, 208 – 3º andar – Centro – CEP 01041-000
Caixa Postal 1120 – CEP 01032-970 – São Paulo – SP
Tel. (11) 2187-4450 – Fax (11) 2187-4486
E-mail: editora@sp.senac.br
Home page: http://www.livrariasenac.com.br

© Editora Senac São Paulo, 2019

SUMÁRIO 1

Nota do editor.. 7

Prefácio – *Siderly do Carmo Dahle de Almeida* 9

Agradecimentos 15

Introdução...17

1. A construção do termo curadoria....................25

2. Curadoria educacional e digital 31

3. Funções gerais do curador educacional 37

4. Contextos da curadoria e transformações
   esperadas..45

5. Suportes educacionais para a curadoria..............67

6. Algumas condições que apoiam as práticas
   de curadoria 75

7. Metodologias ativas e curadoria.........................87

8. Procedimentos práticos com diferencial
   metodológico ativo para curadoria.....................95

9. Considerações finais 121

Referências...125

Índice geral 139

NOTA DO EDITOR

Com o avanço ininterrupto das tecnologias digitais, que facilitam a criação e a propagação de informações, a variedade de fontes e a divulgação de notícias falsas, a curadoria, própria do universo das artes, teve de se ampliar nas últimas décadas para as demais áreas do conhecimento – incluindo, naturalmente, a educação.

Neste livro, as autoras apresentam o que se tem constatado em pesquisas nacionais e internacionais sobre o assunto e oferecem a profissionais de educação um conteúdo rico de elementos dos quais podem dispor em sua ação pedagógica. Assim, detalham os suportes e as condições para as práticas de curadoria e explicam a conexão entre curadoria e metodologias ativas. Esse tema, especificamente, é revisitado pelas autoras com frescor conceitual, alinhadas com as demandas destes tempos de excesso informacional – excesso que no âmbito educativo pode provocar a sobrecarga cognitiva, prejudicando a aprendizagem, e, no espectro mais amplo da vida em sociedade, é capaz de levar à mistificação, impactando o cidadão e sua autonomia.

Reverberando o especialista em marketing e inovação Rohit Bhargava, para quem a ideia poderosa da curadoria reside no fato de que o curador não vem adicionar mais conteúdo à avalanche de informação disponível, mas ajudar a dar sentido à informação disponível, selecionando aquilo que de fato agrega valor, com esta obra o Senac São Paulo traz à luz uma leitura sucinta, útil e profundamente esclarecedora para o público interessado em inovação educacional.

PREFÁCIO

O termo curadoria invariavelmente nos remete à concepção de curar. A mim vem a ideia da mãe que, carinhosamente, preocupa-se com os ferimentos dos filhos, sejam esses ferimentos físicos ou emocionais. Nesse sentido, curar é cuidar. É prestar atenção. É proteger. A palavra curadoria vincula-se, de modo mais popular, às pessoas que organizam exposições e eventos com obras de arte. Os curadores, portanto, têm por incumbência escolher, preparar, organizar, enfim, "cuidar" de tudo o que envolve a exposição.

Este livro trata da curadoria em educação. Nesse sentido, permeia caminhos metodológicos que possibilitem que professores e alunos, ambos aprendizes no contexto contemporâneo, construam e compartilhem conhecimento de modo crítico, criativo e dinâmico. A leitura deste material evidencia a importância de que haja ressignificação das práticas pedagógicas, considerando-se como ponto de partida a dialogicidade vivida nos ambientes formais de educação, permitindo uma ampla formação dos sujeitos para que possam resolver problemas cotidianos e atuar de modo habilidoso em um mundo tecnológico e em constante mudança.

Conceber um trabalho de curadoria compreende pensar a sistematização dos planos de ensino sustentados por projetos que rumam a novas dimensões a cada passo dado, avançando no sentido de favorecer a diminuição da desigualdade e a melhora da qualidade de vida dos cidadãos na sociedade.

Assim, a presente obra consegue, ao mesmo tempo, apresentar profundidade de conceitos e propostas e primar pela leveza no modo como foi escrita, tornando a leitura prazerosa e repleta de reflexões no que diz respeito ao desenvolvimento do trabalho docente.

No primeiro capítulo, o leitor toma contato com os conceitos que permeiam o termo curadoria e as relações estabelecidas no contexto educacional em tempos de tecnologias digitais. As autoras apresentam habilidades e competências necessárias aos docentes para o bom desempenho enquanto "curadores" do conhecimento no processo de ensino e de aprendizagem.

No segundo capítulo, somos brindados com um interessante texto que apresenta um panorama acerca da curadoria digital, mas sempre enfatizando que saímos de uma educação desconexa e fragmentada e que, considerando os chamados paradigmas emergentes da educação, começamos a pensar no todo, em cada ser humano como ser único e completo, e no modo como a curadoria digital pode contribuir nesse processo.

As funções gerais para o desempenho de um curador digital são analisadas no capítulo 3 sob a ótica das autoras, que são enfáticas ao citarem que, para ser constituída uma boa curadoria, faz-se premente um professor-curador que se engaje e se apoie nos pressupostos estruturantes de novas habilidades e competências direcionadas à construção de variadas aprendizagens.

No capítulo 4, as autoras debruçam-se sobre os diversos contextos de curadoria e as transformações esperadas, sabendo que esse processo não é unilateral, ou seja, as transformações só vão ocorrer se houver empenho e vontade tanto por parte dos professores como por parte dos alunos – considerados extremamente relevantes nesse cenário. Ainda nesse capítulo, as autoras abordam a curadoria como uma nova organização midiática, aliando-a a temas práticos que envolvem a rotina dos alunos e o uso de tecnologias digitais.

As práticas de curadoria podem ser mais bem viabilizadas quando sustentadas em alguns princípios, e estes são claramente elucidados pelas autoras no capítulo 5. O capítulo 6 tece considerações sobre as condições que apoiam as práticas de curadoria em ambiente educacional.

O capítulo 7, brilhantemente escrito, estabelece as relações entre a curadoria e as metodologias ativas, tema tão instigante e que se faz presente em todos os debates que envolvem o uso de tecnologias na educação contemporaneamente.

O capítulo 8, sustentado em práticas de metodologias ativas, tece reflexões acerca dos procedimentos práticos com diferencial metodológico ativo para curadoria. Assim, representa um importante aporte aos docentes que desejam iniciar um novo percurso profissional como professores-curadores.

Nas considerações finais, as autoras elucidam que ser um professor-curador exige organização, engajamento e envolvimento e que nada é realizado de modo solitário ou isolado. Termos imprescindíveis nesse cenário são colaboração e cooperação.

Prefaciar uma obra como esta, que "transborda" originalidade e praticidade ao abordar um tema tão instigante e importante, foi de um prazer incomensurável. A leitura de cada página proporcionou aprendizagem e reflexão acerca do meu próprio fazer enquanto docente, possibilitando que eu repensasse minha prática sob um novo olhar – e, o melhor de tudo, em uma leitura leve e saborosa.

Boa leitura!

Siderly do Carmo Dahle de Almeida é doutora em educação e currículo pela Pontifícia Universidade Católica de São Paulo (PUC-SP) e mestre em educação pela PUCPR. Desenvolve estudos com ênfase em tecnologias e mídias educacionais, formação de professores e metodologia da pesquisa.

Este livro é dedicado a todos aqueles que acreditam que o ato de educar é crer que o aluno pode se descobrir aprendendo.

AGRADECIMENTOS

Os agradecimentos vão a todos os profissionais envolvidos no projeto deste livro, que se engajaram com amor e comprometimento.

INTRODUÇÃO

A temática deste livro, que trata da curadoria no âmbito educacional, originou-se com base em vários aspectos emergentes da contemporaneidade, bem como de nossa prática como docentes. Essa prática faz com que possamos refletir sobre os diversos níveis de formação, da escola básica até o nível superior, que direta e indiretamente têm contemplado mudanças e reações sobre como as pedagogias devem tratar a informação para a formação, em um cenário não só altamente tecnológico, em tempos de *fake news* e de alta produtividade informacional, como também pleno de formas massivas de comunicação digital.

A questão que nos instiga no contexto educacional seria a de que ainda precisamos, como educadores, nos esforçar para encontrar caminhos metodológicos que possam orientar nossos alunos sobre como tratar as grandes demandas informacionais, transformando-os em leitores seletivos, investigativos, críticos e motivados a consumir e a produzir novos conhecimentos.

Ao mesmo tempo, não se pode esquecer de fomentar a satisfação em ambiente educacional sobre a busca do saber, de orientar soluções para as pesquisas e investigações. Torna-se importante criar subsídios para que a aprendizagem ocorra, deixando claro que ela, embora envolva esforços, deve ser primeiramente prazerosa. Seguramente, isso se conquista com atitudes mais claras e transparentes entre professores e alunos, que trocam opiniões e, ao fazê-lo, não se limitam a povoar o ambiente educacional sobre práticas de aprender; mais que isso, buscam relacioná-las a questões da própria vida.

Quem educa atualmente deve se responsabilizar por oferecer processos educacionais que possam garantir sustentabilidade ao longo da vida. Os estudantes devem ser formados para transformarem-se em sujeitos aprendizes para toda a vida. Sair da escola, após os ciclos obrigatórios, não deverá significar interromper os processos de aprendizagem adquiridos, mas aperfeiçoá-los. Para tanto, são necessários recursos, metodologias e instrumentos que amparem tal percurso educacional com vistas à sua continuidade. A curadoria educacional pode ser um desses caminhos.

Na mesma linha de raciocínio, constata-se uma série de contribuições científicas, tanto teóricas como práticas, mescladas também com os desafios propostos pelas tecnologias de comunicação e informação (TICs), que orientam a maneira como os indivíduos aprendem, registram, produzem novos raciocínios e como interagem entre si. Entre elas, destacam-se aquelas que buscam metodologias ativas, imersivas, ágeis (FILATRO; CAVALCANTI, 2018) e que entendem os seres humanos como dotados de capacidades cognitivas que se aprimoram à medida que são demandados em novos raciocínios, memória e toda e qualquer forma de interação com o mundo e com as pessoas que possam mover aprendizagens. As parcerias de curadoria entre professores e alunos poderão promover esse diferencial. Aí apresenta-se necessariamente renovado o papel do professor.

Por outro lado, existe uma preocupação premente sobre a quantidade exagerada de informação; sobre como tal exagero interfere nas relações de aprendizagem e a forma pela qual se torna um domínio. Em termos educacionais, a abundância de informação pode constituir uma dificuldade tanto quanto sua falta. Nesse sentido, Sweller (2012) discorre sobre o cuidado que se deve ter em relação à sobrecarga cognitiva, na medida em que fatores de abundância informacional podem provocar desgastes e falta de retenção na memória em longo prazo, prejudicando, consequentemente, a aprendizagem.

Contudo, a boa curadoria educacional depende das visões que a escola e os professores têm sobre seus alunos e mesmo sobre os diferenciais profissionais que levam as pessoas a aprender.

A pretensão clara desta obra é chamar a atenção sobre a ressignificação de práticas pedagógicas com base em envolvimentos dialógicos, em que o movimento dinâmico da sociedade da comunicação deve ser trabalhado nas suas dimensões que implicam a formação de cidadão para um mundo altamente tecnológico e em mudança e emergência contínuas de novos problemas a serem enfrentados.

Com isso, pode-se refletir sobre como mesclar, aplicar e aproveitar o que está à disposição no mundo da informação e da comunicação, mas que não é suficientemente explorado em termos de informação distribuída por meios digitais, e, ao mesmo tempo, tornar-se um cidadão preparado para discernir sobre o que serve e o que não serve em termos de uso informacional.

Assim, este livro produzido a quatro mãos busca, com base na experiência das autoras, bem como dos referenciais teóricos e de pesquisas atuais sobre recursos tecnológicos disponíveis, alinhar inovações educacionais relacionadas à formação do cidadão com questionamento crítico, a fim de filtrar excessos informacionais e, assim, diminuir a sobrecarga cognitiva, bem como entender fontes confiáveis para não consumir ou compartilhar *fake news*.

A curadoria engajada do professor frente à sua turma de alunos deve valorizar a informação boa, de fonte confiável, destituindo o fato de que o que se ensina na escola estaria restrito a um único filtro, ou sob um único olhar do professor ou por meio da bússola que toma seu norte pelos livros didáticos.

Para Moura,

> [...] o curador possui uma ampla cultura, análise crítica e criatividade, que lhe permite chegar ao conhecimento. Neste aspecto, o papel do professor é fundamental, pois cabe a ele "curar" o que vai ser disponibilizado aos alunos e ensiná-los a serem curadores. O Programa PISA2 apresenta seis dimensões de como lidar com a informação relacionadas com a curadoria: ter acesso, manejar, integrar, avaliar, construir e comunicar. Na escola, o aluno deve enfrentar diferentes situações-problema, para isso, deve saber selecionar, organizar, relacionar, interpretar dados e informações representadas de diferentes formas, de maneira a tomar decisões. Deve ainda aprender a construir argumentos, sabendo relacionar informações, representadas de diferentes formas e conhecimentos disponíveis em situações concretas, para construir uma argumentação consistente. (MOURA, 2017, p. 2)

Nessa linha, devem ser trabalhadas ferramentas que encontrem com segurança a informação buscada, com base em fontes de qualidade, ao mesmo tempo que formem alunos capazes de se instrumentalizarem para tais ações de pesquisa ao longo da vida.

A capacidade de pesquisa dá suporte a cidadãos mais indagadores, que buscam inovações desenvolvendo soluções próprias, identificando problemas de pesquisa escolar que se relacionam com a vida, articulando interesses e motivações.

Moran (2017) entende essa articulação entre escola e vida como uma forma de mover aprendizagens profundas. Para o autor, quando se busca a narrativa de vida dos alunos, podem-se alicerçar passos para investigações além do que se domina.

Esse fato deve potencializar, diretamente, as ações desempenhadas na escola, que podem ser influenciadas pelos resultados de pesquisa de seus alunos, os quais apresentam soluções de problemas reais apoiados em redes de relações para o desenvolvimento de projetos conjuntos.

Contudo, pensar em curadoria educacional em tempos de alta tecnologia digital, caracterizada por ser mais acessível, de grande capilaridade, ubíqua, móvel e produzida por diferentes fontes e formatos, é um trabalho ainda bastante complexo, pois abrange muitas variáveis e exige investimento de tempo, bem como planejamento de aulas, além de políticas que gerem esse tipo de interesse na formação continuada de professores. Assim, para efeito deste livro, escolhemos alguns caminhos – e, como suas autoras, tornamo-nos também curadoras desses trajetos de "cura" educacional.

Fazer o trabalho de curadoria é envolver os planejamentos de ensino amparados em possibilidades de execução de projetos, que se ampliam e tomam novas dimensões não só pela necessidade de práticas de pesquisa como também pela mediação tecnológica.

O que de fato contempla positivamente a complexidade inerente à curadoria é ter metas e finalidades educacionais claras, estando atento aos alunos, que instigam e exigem inovação não apenas no discurso como também nas práticas educacionais, pois sabem do que precisam, mas querem ser orientados sobre como encontrar o melhor caminho.

Podemos considerar que um dos cenários atuais que pode abrigar a função de um curador educacional implica as metodologias do *blended learning* (*b-learning*), ou o chamado ensino híbrido.

Com base em conceitos e definições presentes na obra de Horn e Staker (2015), o ensino híbrido tem levantado discussões e reflexões cada vez mais pertinentes sobre como a escola atual poderá promover inovação disruptiva em suas propostas de ensino e aprendizagem, ao absorver de forma efetiva as tecnologias digitais como fazer autônomo dos alunos, que não seja impositivo, mas negociado e voltado a escolhas de pesquisas e projetos mais personalizados e focados em problemas visíveis e palpáveis de seu entorno. A diferença reside em acompanhar o aluno, fazendo com que ele desenvolva conscientemente seus estudos como aluno ativo.

Esse fato demonstra claramente que não basta fornecer *smartphones*, *tablets*, novos aplicativos, deixando a escola totalmente conectada, com *Wi-Fi* em todas as suas dependências, ou mesmo introduzir iniciativas de *mobile learning* (*m-learning*) e *u-learning* (SACCOL; SCHLEMMER; BARBOSA, 2011; GARCIA, 2017), o que representaria uma condição relativamente boa, embora ainda não suficiente. Sem um respaldo também inovador da ação dos professores, não se atingem metas de qualidade educacional.

Da mesma forma, sem uma relação clara de comunicação didática entre professores e alunos, declarando mutuamente como unir forças, o que fazer, o que executar e como comunicar conquistas de pesquisa, avança-se pouco nesse âmbito. Nesse sentido, o fator intelectual humano deve prevalecer em termos de relevância nessas relações, mesmo valorizando-se cenários de alto uso de tecnologias.

Também não se pode negar a existência de cenários educacionais mais carentes, revelando-se o chamado "fosso tecnológico" descrito por Castells (2003). É possível considerar que, por meio da curadoria educacional, podem ocorrer contribuições para a diminuição da desigualdade do conhecimento construído pelo acesso às tecnologias digitais.

Há pelo menos três décadas estudiosos da área reivindicam que a escola com tecnologia digital possa assumir práticas mais engajadas (KENSKI, 2012). Isso atribui ao professor a responsabilidade por sustentar um diálogo mais consistente em torno do que ensina e de como seus alunos podem se mover de forma independente, mas orientada, na construção de seu trajeto de aprendizagem. A curadoria educacional poderia ser destacada como um suporte dinâmico e negociável para organizar tais práticas.

Mais do que uma técnica, com este livro objetivamos levar a professores e educadores, em contínuo processo de formação, o "espírito curador", que promove aprofundamentos e o engajamento de si próprios, espelhando-se no trabalho com os alunos, por meio da escolha e da utilização de ferramentas e plataformas disponíveis, e também a reflexão sobre como se apropriarem do potencial inovador das tecnologias em sua prática pedagógica.

A leitura conduz o leitor, no primeiro capítulo, a conhecer os diferentes sentidos e tipos de curadoria.

No segundo capítulo, são apresentadas as curadorias educacional e digital.

Funções gerais do curador educacional são elencadas e discutidas no terceiro capítulo.

No quarto capítulo, contextos da curadoria são retratados. Também são apontadas algumas abordagens pedagógicas, considerando-se modos de escolhas, filtros e seu relacionamento com a informação, bem como a relevância da formação do aluno nesse contexto.

No quinto capítulo, discutem-se os princípios educacionais, contextos que viabilizam as práticas da curadoria no contexto escolar.

No sexto capítulo são expostas as condições que apoiam tais práticas de curadoria, incluindo orientações para avaliação da qualidade da informação, em termos da desinformação e da percepção sobre a verdade.

O sétimo capítulo dedica-se à relação entre metodologias ativas e curadoria, enfatizando o papel do aluno como pesquisador.

No oitavo capítulo é apresentada uma prática de curadoria, destacando uma temática real, de impacto informacional e social.

O nono capítulo traz as considerações finais, buscando principalmente levar o leitor a avançar um pouco mais com relação à sua visão de curadoria, conforme sua área de interesse, em um processo cotidiano e continuado de ensino e aprendizagem.

A CONSTRUÇÃO DO TERMO CURADORIA

Curadoria, de um modo consciente ou não, faz parte da atividade do professor, a partir do momento em que ele reflete, estuda, seleciona e organiza materiais para preparar suas aulas. A diferença dessa abordagem é que está mais próxima dos interesses dos alunos e toma decisões levando em conta esse conhecimento.

Em tempos de tecnologias digitais, como educadores, torna-mo-nos todos um pouco curadores de conteúdos com os quais lidamos no dia a dia. Contudo, é preciso aprimorar habilidades e competências para a curadoria educacional, e isso se aprende na prática e em ações de trocas com outros profissionais da área.

A palavra curadoria deriva da raiz latina *curare*, ou "curar". Curar, historicamente, tem a intenção de encarregar-se ou organizar, colocar junto, selecionar para apresentação e mesmo preservar. A origem etimológica desse termo, com base no sentido de cuidador, é o de dar orientação e manter uma linha coerente sobre informações, dados, conhecimentos consolidados que estão dispersos em diversificados contextos.

A curadoria é mais facilmente encontrada e reconhecida no campo das artes; ainda é pouco tratada nas ações de ensino e aprendizagem. As exposições, por exemplo, são normalmente resultado do trabalho de um curador, que escolhe uma temática e reúne artistas e suas obras em torno de um fio condutor, mostrando um caminho, ou mesmo vários, para que se reflita sobre essas manifestações artísticas. Contudo, esse tipo de curador não deixa também de realizar um trabalho educativo, pois aí já se constatam as raízes de um profissional comprometido com a educação, com a formação de olhares sobre os objetos artísticos.

Na educação, a essência dessa ideia de curadoria advinda do campo das artes ainda permanece. Em muitos de seus sentidos, a curadoria não deixa de incorporar o papel análogo ao de uma bússola, que orienta as pessoas para um norte, com atribuição de valor, objetivos, conceitos e perspectivas diversos que selecionam objetos, extraindo e construindo novos sentidos.

Pode-se afirmar que existem diferentes olhares de curadoria que se desenvolvem no contexto educacional, em função de suas práticas, objetivando-se também tratar seus contextos e transformações, ou seja, discutindo em que medida o papel do professor-curador se concretiza para organizar, encontrar fontes fidedignas, repositórios de informação, ensinar como fazer investigações para o nível adequado dos alunos, discutindo também suas implicações com a prática pedagógica, seus demais atores e contextos.

Tipos de curadoria

Na literatura disponível sobre esse assunto, pode-se encontrar uma tipologia corrente de curadoria, porém sua conceituação não é claramente apresentada nem focada diretamente no campo educacional propriamente dito (CORTELLA; DIMENSTEIN, 2015). Existe a curadoria artística, normalmente vinculada a obras de arte e exposições. Há também a curadoria de conteúdo, relacionada diretamente com comunicação social, mídias digitais e jornalismo, e a tipologia da qual tratamos neste capítulo, que é a educacional.

Em princípio, o termo curador engloba o entendimento daquele que cuida, faz a cura, a conservação e a preservação de obras de arte, associando-se ao trabalho de organizar exposições. Contudo, isso não está distante da prática educacional, pois a curadoria deve promover o cuidado com que se traz o conteúdo como proposta de pesquisa para o aluno, revertendo-se em processos de aprendizagem.

Curadoria no âmbito artístico

Como já enfatizamos, um dos tipos de curadoria – bastante disseminado – é o relacionado ao mundo das artes. Para Pequeno,

> [...] o curador pode até ser o catalisador do processo curativo de uma obra, de um período histórico ou movimento artístico, de um suporte material, meio ou técnica, ou mesmo de (grupos de) artista(s), mas isso demanda tempo – ou posteridade, consenso, ou qualquer nome que desejamos dar ao intervalo crítico necessário a essa consolidação – ou pelo menos uma plataforma de ações muito bem arranjada. (PEQUENO, 2012, p. 16)

A curadoria no mundo das artes, conforme descreve Pequeno (2012), não deve implicar um trabalho solitário do curador. Ela deve envolver uma série de outros profissionais, como galeristas, artistas, produtores, investidores, influenciadores, estudiosos, historiadores da arte, entre outros, que devem constituir, dentro de suas especialidades, apoios para a realização de um bom trabalho com o foco artístico desejado.

Para Marmo e Lamas,

> [...] a atividade de curadoria tem origem institucional, tendo surgido no século XIX da necessidade de se pensar um acervo a partir de suas especificidades. A princípio, cabia ao curador estudar, preencher lacunas e pensar formas diferentes de mostrar determinada coleção, o que acabava resultando em exposições de

> longa duração, montadas depois de um grande período de estudo e pesquisa. Nos anos 1960, com o advento da experimentação na arte, aliado à consolidação de espaços alternativos, tais como a Kunsthalle (1918), na Suíça, e o Museu de Arte Temporária (1974), nos Estados Unidos, começaram a surgir exposições temporárias que evidenciaram uma mudança na atuação do curador, que passou a sugerir temas e propor projetos aos artistas e se tornou independente de museus. (MARMO; LAMAS, 2013, p. 3)

Nesse contexto, também se inserem os sentidos de "zelo" e de "cuidado", que implicam manter determinado acervo, uma coleção, a obra de um artista, recorrendo-se inevitavelmente à função de um *expert* nesses assuntos, ou seja, daquele que conhece profundamente o assunto, distanciando-se para compor o trabalho de curadoria e aproximando-se do seu público, para construir uma comunicação viável entre artista e público.

Sobre esse aspecto, também sobressai a função dos estudos contínuos e da pesquisa de um curador, não só para se inteirar da contemporaneidade como também sobre o que fora realizado no passado. O curador, dessa maneira, deve manifestar domínios presentes e vislumbrar os processos futuros, as influências, as tendências, o porvir.

Curadoria de conteúdo

A curadoria de conteúdo parte também de uma necessidade – no caso específico do campo da comunicação –, atribuída aos editores especializados em notícias *on-line*, que têm a tarefa de criar e distribuir conteúdo no ambiente digital.

Para Caldas Jr. (2015), o curador de conteúdo é um profissional da comunicação e do marketing que sabe discriminar, entre as informações disponíveis, aquela que pode ser considerada informação-chave para determinados nicho, organização, empresa e que também pode promover oportunidades para realizar negócios, inspirar-se ou beneficiar-se dela.

Segundo Humphrey (2018), nesse sentido, a curadoria de conteúdo pode ser realizada com base em duas formas: uma, considerada em tempo real; outra, em uma modelagem de formato *blog*.

Dessa maneira, para o autor, a curadoria em tempo real baseia-se em ações rápidas, de um curador com influência comprovada no campo e que compartilha em tempo *links* interessantes sobre os assuntos "curados" em redes sociais, como Twitter e Facebook. A ideia é de que a informação seja replicada e receba comentários, entendidos de baixa densidade, pois são feitos também com pouca reflexão e de forma mais imediata.

Já a curadoria de conteúdo em formato de *blog* e, mais recentemente, também por meio de vídeos no YouTube é considerada um processo mais maduro, pois está relacionada a um maior grau de reflexão, sem muito imediatismo e com maior senso de convencimento e fluxo de informações. É fruto de uma seleção mais apurada, atrelada a um contexto, com mais *links* oferecidos pelo curador, buscando mais coerência e contextualização de sentidos.

Cinco fases da curadoria de conteúdo

Caldas Jr. (2015)[1] define cinco fases de curadoria de conteúdo no âmbito do jornalismo, conforme mostra o quadro 1.1.

---

1 Caldas Jr. (2015) descreve essas fases com base no serviço de rede social Storify, que esteve aberto ao público até maio de 2018.

Quadro 1.1 – Cinco fases da curadoria de conteúdo.

Fase	Descritivo
Descoberta	Levantar o maior número de *sites* que discorram sobre o tema de interesse.[2]
Produção	Para a produção, recomenda-se o uso de ferramentas que possam filtrar e selecionar os conteúdos de interesse.[3]
Compartilhamento	Trata-se de uma fase obrigatória, pois o tema que sofreu um processo de curadoria e não foi compartilhado não tem relevância. Para isso, recomenda-se a utilização das redes sociais.[4]
Update	Consiste em atualizações que propiciam uma forma de incentivo para que o usuário visite e também recomende o *site/blog/*canal indicado pelo curador.
Mensuração	Nesta fase, o curador pode comparar resultados de visualizações, comentários da mídia social e formas de resposta. Nesse caso, ele pode também conhecer os tópicos e subtópicos de maior popularidade e consegue refinar sua pesquisa para a próxima curadoria.

Fonte: adaptado de Caldas Jr. (2015).[2]

O trabalho de curadoria de conteúdo é bastante intenso e intermitente, pois exige uma dose de persistência para que os assuntos possam persuadir o público, chamar a atenção, bem como agregar novas pessoas para aquilo que se divulga. O autor não reconhece ainda o processo de *fact-checking*, que verifica a origem e o valor de verdade da informação.

---

2 Recomenda-se o uso de serviços que tenham mecanismos de busca, como Twitter, RSS Feeds e Flipboard.

3 O autor faz referência às seguintes ferramentas: CurationSoft; Pearltrees, Page-OneCurator, Pinterest, entre outras.

4 Para efeito, são recomendadas redes sociais como Twitter e Facebook, bem como outras redes adequadas às temáticas.

CURADORIA EDUCACIONAL E DIGITAL 2

A curadoria educacional não está totalmente distanciada dos sentidos daquela do mundo das artes e daquela de conteúdo do universo comunicacional. Todas essas curadorias abrangem processos muito similares, que procuram reunir informações buscando atingir objetivos claros, quando os assuntos estão dispersos e precisam ser organizados para um fim. Elas também podem inspirar metodologias ativas para o professor, que deve buscar envolvimento dos alunos para além da mera absorção de informação, visando à compreensão e à expansão dos conteúdos trabalhados.

Todo esse esforço, direta ou indiretamente, volta-se a estratégias que, na curadoria educacional e digital,[1] buscam transformar as informações em conhecimento.

A literatura sobre esse assunto ainda é escassa no Brasil, mas se sabe que há uma recente tendência de estudos relevantes sobre o tema, tanto aqui como em alguns países, sobretudo no que concerne à curadoria digital.

Entre os estudos encontrados no Brasil, podemos destacar o trabalho de Machado e Vianna (2017), cujo objetivo é a apropriação e a disseminação do conhecimento científico sobre curadoria digital e suas interfaces conceituais com a ciência da informação, tendo alcançado como resultado evidências de interface entre

---

1 Tratar da curadoria que inclui obras e acervos físicos é diferente da abordagem relativa aos acervos e plataformas digitais. Vamos tratar com mais ênfase a curadoria digital.

os termos. Já Santos (2014) apresenta um breve panorama do conceito de curadoria digital entre 2000 e 2013, concluindo que a curadoria digital está em franco desenvolvimento e constitui termo guarda-chuva, que abarca definições correlatas voltadas a seleção, enriquecimento, tratamento e preservação da informação para o acesso e uso futuro.

Fofonca, Fishcher e Esteche (2016) relatam, em sua pesquisa, a aplicação da metodologia da curadoria do conhecimento em um curso de especialização *lato sensu* de formação de professores com foco na atuação em EaD. Os autores destacam que tal metodologia está fortemente relacionada a um profissional que, continuamente – mais especificamente, no ambiente *on-line* –, busca atuar para encontrar, agrupar, organizar e compartilhar o que há de melhor e mais relevante sobre um assunto específico.

Pela escassez de obras e pesquisas brasileiras sobre o assunto, é interessante ressaltar as experiências internacionais sobre o tema, as quais podem ser inspiradoras e mesmo aperfeiçoadas para a realidade, as condições, os focos e os contextos nossos.

Desse modo, merece destaque na Europa a pesquisadora escocesa Daisy Abbott (2015), que aborda em seus trabalhos a discussão sobre a importância de atividades de criação, processamento, uso, gerenciamento e preservação de dados por meio da pesquisa acadêmica, denominando tal dinâmica de curadoria digital.

Para Abbott (2015), mesmo que seja clara a necessidade da coleta, da seleção e do manejo de dados para o trabalho cotidiano dos pesquisadores acadêmicos, ainda é precária, descoordenada e não sistemática a avaliação de tal necessidade, bem como a oferta de treinamento específico para essa prática.

Nesse sentido, para Abbott,

> [...] a curadoria digital também pode incluir o gerenciamento de vastos conjuntos de dados para uso diário, por exemplo, garantindo que possam ser pesquisados e possam continuar a ser legíveis. A curadoria digital é, portanto, aplicável a uma grande variedade de situações profissionais desde o início do ciclo de vida da informação até o final, podendo envolver digitalizadores, criadores de metadados, financiadores, formuladores de políticas e gerentes de repositório, para citar alguns exemplos. (ABBOTT, 2008, p. 1)

O quadro 2.1 expõe algumas questões a serem consideradas na curadoria digital.

Quadro 2.1 – Questões sobre a curadoria digital.

A curadoria digital é um processo contínuo, não uma ação única e isolada.
As melhores práticas mudam à medida que ferramentas e padrões são desenvolvidos e conforme a mídia digital se torna cada vez mais complexa.
As responsabilidades envolvidas na curadoria digital podem ser compartilhadas em diferentes instituições e comunidades e mudar ao longo do ciclo de vida dos dados, muitas vezes incorporando questões organizacionais e culturais, bem como técnicas.
A curadoria digital oferece um grande número de oportunidades de colaboração no uso de dados, e o próprio processo pode se beneficiar de reunir diferentes especialistas e contribuintes e compartilhar o fardo financeiro.
O gerenciamento de direitos é um aspecto desafiador e demorado da curadoria digital.
Mecanismos de controle de qualidade, autenticação e validação de dados devem fazer parte da curadoria digital.
O *backup* de dados não deve ser confundido com a curadoria digital.

Fonte: adaptado de Abbott (2008, p. 2).

Organizações de suporte de curadoria digital

A curadoria digital tem sido objeto de estudo de muitos pesquisadores internacionalmente, envolvendo questões diversas, como a necessidade de estruturas de suporte à prática e à manutenção da curadoria – por exemplo, políticas de repositório, apoio acadêmico, gestão, conservação e preservação de recursos, entre outras. Higgins (2011) destaca algumas organizações de suporte de curadoria digital, conforme a seguir.

- A Digital Curation Unit (DCU),[2] no Athena Research Centre, criada em 2007 para atuar como um ponto de foco nacional no campo de curadoria digital. O Athena Research Centre atende a um círculo diversificado, publica amplamente e é parceiro do projeto DARIAH,[3] financiado pela União Europeia (EU), que busca apoiar a digitalização de artes e dados de humanidades em toda a Europa. Ele também fornece o MOPSEUS Digital Library Service, repositório digital para organizações de pequena escala que não tenham infraestrutura para desenvolver seus próprios repositórios.

- O University of California Curation Center (UC3),[4] formado em 2010 como uma parceria que apoia os dez *campi* da Universidade da Califórnia. Trata-se de um apoio acadêmico para museus, bibliotecas, arquivos e departamentos acadêmicos, unidades de pesquisa e pesquisadores individuais, a fim de propiciar controle direto sobre a gestão, a conservação e a preservação dos recursos de informação sustentando suas atividades acadêmicas.

---

2 Disponível em: http://www.dcu.gr/en/. Acesso em: 26 mar. 2019.

3 Digital Research Infrastructure for the Arts and Humanities.

4 Disponível em: https://www.cdlib.org/uc3/. Acesso em: 26 mar. 2019.

- O Digital Research and Curation Center nas bibliotecas Sheridan da Johns Hopkins University, em Maryland, nos Estados Unidos, em que se realizam pesquisas internas e desenvolvimento de ferramentas automatizadas, bem como fluxo de trabalho efetivo para garantir acesso e preservação a longo prazo, tanto para digitalização como para o nascimento do material digital.
- O iSchool da Universidade de Toronto, que estabeleceu o Digital Curation Institute[5] com uma ampla agenda de pesquisa em ciências da informação. O lançamento se deu por conferência em junho de 2010, com trabalhos de pesquisa de convidados, funcionários e estudantes.
- O Distributed Data Curation Center (D2C2),[6] da Purdue University Library, em Indiana, nos Estados Unidos, que pesquisa soluções de curadoria para dados de pesquisas complexas. Está empreendendo o Projeto de Perfis de Dados de Curadoria, que fornece um conjunto de ferramentas para a estruturação de estudos de caso de diagnóstico antes da curadoria em uma biblioteca acadêmica (WITT *et al.*, 2009).

A base de habilidades da comunidade de curadoria digital continua a ser desenvolvida por meio de programas de treinamento e educação superior em todo o mundo. Alguns deles formaram o IDEA Working Group,[7] uma aliança internacional que examina e aconselha sobre as necessidades do currículo para continuar construindo uma base de habilidades.

---

5 Disponível em: http://dci.ischool.utoronto.ca/index.html. Acesso em: 26 mar. 2019.

6 Disponível em: http://d2c2.lib.purdue.edu/index.php. Acesso em: 26 mar. 2019.

7 International Digital Curation Education and Action. Disponível em: http://ideaworkgroup.org/index.html. Acesso em: 26 mar. 2019.

Tal iniciativa teve início no DigCCurr Project[8] da Universidade da Carolina do Norte, em Chapel Hill, nos Estados Unidos, que examinou requisitos do currículo para treinamento de curadoria digital e conferências e simpósios realizados sobre seu desenvolvimento. Assim, os estudantes da Chapel Hill têm a opção de estudar para obter um certificado digital de pós-graduação em curadoria.

Mestrado em curadoria digital pode ser realizado na Universidade de Tecnologia Luleå,[9] na Suécia, e opções sobre curadoria digital estão disponíveis como parte de uma série de graduações em ciências da informação em todo o mundo. O assunto vem se tornando componente importante de uma educação em ciências da informação. Nesse movimento, vale ainda destacar que a International Federation of Library Associations (IFLA) realizou em 2011 uma sessão aberta sobre educação para curadoria digital.

Formar profissionais competentes para um trabalho de curadoria bem elaborado tem sido uma preocupação crescente, sobretudo levando-se em conta as transformações que as tecnologias digitais impõem ao nosso cotidiano em geral e, em especial, ao ambiente educacional, no qual o planejamento, a organização e a seleção das informações que se acumulam de forma exponencial, em um ritmo jamais visto, tornam-se tarefa essencial para a pesquisa e a construção de conhecimento. Daí a necessidade de discutirmos, além do papel do curador educacional, as funções desse profissional.

---

8 Disponível em: https://ils.unc.edu/digccurr/. Acesso em: 26 mar. 2019.
9 Masters Programme in Digital Curation.

36 ◆ Curadoria educacional: práticas pedagógicas para tratar (o excesso de) informação e *fake news* em sala de aula

FUNÇÕES GERAIS DO CURADOR EDUCACIONAL 3

O trabalho do curador educacional, ou professor-curador, está relacionado diretamente com o ambiente educacional, os planos de ensino e de aula, as interações de todos os níveis com os alunos, entre outros aspectos.

Dessa maneira, esse profissional, inserido nesse contexto, deve manter uma relação estreita com o projeto pedagógico da escola em que atua, que revela a linha de ações dialógicas amparadas por projetos, bem como a meta de formação de alunos mais autônomos e cidadãos do mundo.

Quando o contexto escolar não aposta no fluxo que a sociedade impõe ao seu dia a dia, o trabalho de curadoria, nesse sentido, torna-se mais restrito ou perde seu valor. Deve-se entender que as demandas sociais atuais pressionam por escolhas metodológicas no ambiente da escola que estejam preparadas a se responsabilizarem pela formação de alunos-cidadãos. Esses alunos-cidadãos, desde cedo, devem valorizar e expandir a conexão com um mundo em profunda mudança, para que possam participar dele e interferir nele. Portanto, parece não haver mais outras escolhas a não ser buscar renovações pela linha de projetos e metodologias aplicadas à vida, ao cotidiano e à compreensão dessas transformações.

Assim, supondo estar o professor em ambientes educacionais propícios para ações mais disruptivas, ele terá condições de desempenhar, necessariamente, algumas dessas funções, conforme mostra o quadro 3.1

Quadro 3.1 – Funções gerais do curador educacional.

Quem zela.
Quem cuida.
O *expert*.
Quem estende visões.
Quem organiza.
Quem educa sobre determinado assunto/projeto/problema.
Quem preserva.
Quem dissemina determinados tipos de conhecimento.
Quem orienta.
Quem seleciona.
Quem pesquisa.
Quem se comunica com diferentes mundos e pessoas.
Quem se especializa.
Quem educa.
Quem se comunica.
Quem relaciona os conteúdos às necessidades dos aprendizes.

Com base nas funções apresentadas no quadro 3.1, pode-se entender que, por trás de uma boa curadoria nesse âmbito, existe um professor-curador que, minimamente, deve estar apoiado em pressupostos os quais amparam habilidades e competências para a construção do conhecimento de seus alunos.

Habilidades e competências dos aprendizes estimuladas pela curadoria

Existem habilidades e competências que podem ser estimuladas pelo trabalho de curadoria educacional. Um dos aspectos a salientar, por exemplo, seria uma base epistemológica de Bruner, que assenta suas pesquisas no movimento educacional por descoberta orientada, o qual destaca o incentivo e o encorajamento do aluno para se engajar no processo de aprendizagem (LEFRANÇOIS, 2008).

Porém, para desencadear processos de descoberta, devem-se prover apoios aos alunos com base em propostas de projetos, que necessariamente se sustentam pela pesquisa, investigações de diferentes níveis, iniciando-se a partir de bases tecnológicas.

O professor-curador, nesse caso, terá de observar ou desenvolver habilidades próprias e também com seus alunos colaborativamente, a fim de obter melhores resultados.

Curar conteúdos e dar suporte a trajetos de pesquisa e desenvolvimento de projetos no âmbito da escola demandam conhecimentos práticos e teóricos, combinados a didáticas de ensino, conforme mostra a figura 3.1, que apresenta um mapa conceitual[1] sobre o processo de curadoria educacional.

---

1 Mapa conceitual é um recurso utilizado para representar esquematicamente e visualmente um conjunto de ideias ou conceitos. Deve ser respeitada uma sequenciação hierarquizada, com base nas relações estabelecidas, com uma ordenação. O objetivo é passar uma mensagem clara e didática aos leitores.

Figura 3.1 – Processo de curadoria – habilidades e competências.

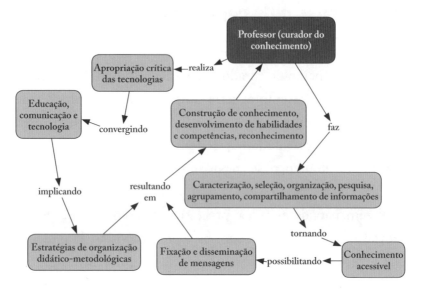

O mapa da figura 3.1 procura demonstrar que, ao mesmo tempo que o professor-curador desenvolve essa prática da curadoria do conhecimento voltada aos alunos – caracterizando, selecionando, organizando, pesquisando, agrupando e compartilhando informações –, ele se atualiza, retroalimentando-se de novas habilidades e competências, na medida em que tal prática lhe possibilita a construção de conhecimento, além do valor do reconhecimento daquele que tem formação para gerenciar dados com propriedade, apropriando-se de forma crítica das tecnologias, convergindo três áreas essenciais: educação, comunicação e tecnologia.

Dessa forma, constata-se que o professor-curador, por meio de sua prática, além de proporcionar o desenvolvimento do aluno, contribui para seu próprio aprimoramento, mediante estratégias de organização didático-metodológicas, fixando e disseminando mensagens.

Figura 3.2 – Relação reflexiva e recíproca entre ensino e aprendizagem.

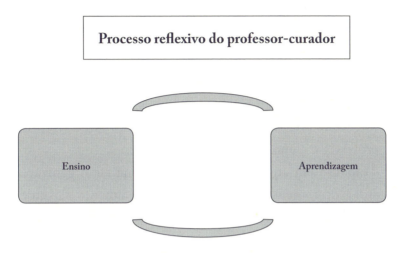

Assim, conforme a figura 3.2 mostra, à medida que o professor-curador ensina, ele também necessariamente aprende. Sua prática de ensino está ancorada no que ele entende e domina por aprendizagem, estabelecida de acordo com suas experiências profissionais e de vida, bem como nos contratos educacionais instituídos entre seus alunos. Com base nesses aspectos,[2] podem-se desenvolver e ampliar habilidades e competências tanto em quem realiza a curadoria como na pessoa para quem ela é orientada.

Dessa forma, apresentamos algumas características que permeiam tal processo, o que cria um fluxo intermitente entre as ações de ensinar e de aprender.

- **Habilidades de comunicação:** pressupõem-se habilidades para uma comunicação clara e eficiente, que transita nos ambientes presenciais, virtuais, da mobilidade, mediados, em sua predominância, por tecnologias de informação e comunicação.

---

2 Esses pressupostos sustentam a formação de indivíduos para a sociedade do conhecimento apresentados na Conference Board of Canada, 2014.

- **Capacidade de aprender de forma independente:** espera-se tomar para si a responsabilidade de como planejar e colocar em prática as formas de conduzir os estudos. Nesse contexto, o curador deve delegar tarefas e confiar na atuação independente e de qualidade do aprendiz.
- **Ética e responsabilidade:** um trabalho curativo para especificar e tornar transparentes as fontes para os aprendizes e construir uma relação sólida de confiança entre os atores, professor e aluno.
- **Trabalho em equipe e flexibilidade:** muitas organizações atuais de conteúdos que levem ao conhecimento dependem do processo colaborativo e cooperativo, que estimula o compartilhamento e a distribuição de informações para públicos focados, que podem ser convergentes ou divergentes.
- **Habilidade de pensamento:** a habilidade de pensamento configura-se de diferentes formas, exigindo variados esforços cognitivos, que abrangem pensamento crítico, estratégias para resolução de problemas, criatividade, originalidade e realização. No contexto dos projetos educacionais com curadoria, o aprendiz deve ser preparado para que possa enfrentar desafios não previsíveis, usando raciocínios adequados, solucionando problemas, absorvendo elementos de pesquisa para dar mais consistência ao seu trabalho. Assim, podem-se apresentar diferentes *cases* de sucesso e de insucesso, promovendo discussão sobre eles e propostas de reaplicação a contextos similares, entre outros enfoques.
- **Competências digitais:** tais competências estão relacionadas diretamente às possibilidades de usar tecnologias de forma independente, buscando, identificando e selecionando objetos de aprendizagem adequados ao escopo de pesquisa, além de dominar suas diferentes linguagens, como aplicativos, vídeos,

sites, mecanismos de busca, etc. Nesse caso, o curador pode utilizar toda essa variedade de linguagens para a pesquisa do aluno.

- **Gestão do conhecimento:** esta seria a atividade mais próxima dos princípios inerentes à curadoria, pois engloba habilidades relativas a seleção de informação quanto a suas categorias, fontes primárias e secundárias, confiabilidade, validade da informação, de forma que o curador deve ter sempre em conta o propósito de elucidar esses aspectos, visando aos bons resultados das pesquisas dos estudantes.

CONTEXTOS DA CURADORIA E TRANSFORMAÇÕES ESPERADAS 4

A ação de curadoria no campo educacional pode se manifestar de diferentes formas, implicando sempre as funções de cuidar, orientar, apontar caminhos, promover ações autônomas e transformar modos de ver as coisas. Contudo, curar é também propagar, disseminar, envolver outras pessoas em redes de reflexões e buscar soluções comuns a problemas identificados e que estão no âmbito do interesse dos alunos.

Figura 4.1 – Relação dos professores e curadoria educacional.

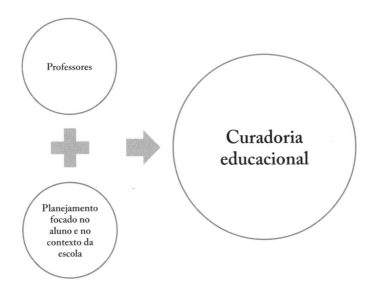

Nesse sentido, para contextualizarmos o que é de fato a escola, deve-se aceitar o pressuposto de que ela não é um organismo fechado e completo nem um lugar social homogêneo, que funciona de modo sistemático, controlado e previsível. Embora seja pautada por programas, planejamentos, projetos e também seja constituída de atores socialmente reconhecidos, como professores e alunos, parte administrativa, a escola é lugar dinâmico e de socialização. Nesse espaço são compartilhadas todas as formas de relacionamentos, espelho da sociedade, em que se procuram enfatizar os diálogos para a aprendizagem e o ensino.

Tanto professores como alunos, que estejam interligados por programas e práticas que buscam alcançar as mesmas metas, imprimem, ainda que participantes do ambiente social da escola, uma marca individual e personalizada nos seus fazeres. Nessa perspectiva, o professor pode manifestar seu diferencial inovador em termos de propostas educacionais, mesmo alinhando-se por diretrizes preestabelecidas para esses fazeres, por conta de um trabalho de curadoria.

Esse raciocínio implica reconhecer as diversidades nas práticas cotidianas da escola, ao mesmo tempo que reconhece um modo de recortar o que é importante e relevante para aprender e ensinar, ou seja, fazer com que as coisas aconteçam e consigam concretizar os planejamentos propostos.

A escola é sempre plural; assim, alunos e professores que a compõem também o são. As relações de curadoria devem encarar essa pluralidade com propósitos, sejam dialógicos, sejam críticos, investigativos, e que abram possibilidades para reflexões. Sempre haverá o pressuposto da necessidade indiscutível da clareza da comunicação e dos estímulos para que as habilidades já descritas encontrem um ambiente favorável para sua manifestação.

Não é possível pensar em processo curador unilateral, ou mesmo pensar que tal "cura" ocorra involuntariamente, sem reflexão ou empenho intelectual individualizado. As transformações exigem um grau de esforço e de envolvimento visando à melhoria de uma situação. Assim, por exemplo, se o aluno é preparado para conhecer e dominar fatos sólidos, conceitos, seja da história, seja da geografia, da física, da sociedade, entre outras áreas de conhecimento, ele terá de ser orientado a buscar um foco, ter ferramentas intelectuais para fazer escolhas e ter sempre condições de discernir. Deve também ser preparado a desconfiar de fatos, encontrar incongruências quando esses fatos não forem coerentes nem apresentarem uma argumentação consistente. Assim, um pressuposto da curadoria educacional é a preparação do aluno para assumir posicionamentos críticos, sensíveis, acurados e próprios, a partir de bases sólidas, pesquisadas e seguras.

A curadoria educacional deve emergir com base em uma necessidade identificada claramente. Tais necessidades podem ser, por exemplo, com relação ao professor:

- falta de orientação para desenvolver projetos que impliquem pesquisa; dificuldade em reconhecer boas fontes de pesquisa; dificuldade em estimular os alunos a aprofundarem-se sobre determinado assunto e trazer resultados a público, ou seja, para a comunidade escolar;
- falta de organização nos processos de busca e no uso de aplicativos de busca; dificuldade em atualizações, trocas solidárias entre colegas sobre o que ocorre no campo das práticas educacionais, de modo geral;
- necessidade de ampliação de referências de conteúdos para debates, atuações transformadoras relacionadas à realidade fora da escola, ao seu entorno, como acesso a leitura de leis, estatutos, informações que redirecionam práticas.

Todos esses aspectos, no momento em que são identificados e percebidos como necessidades de formação dos alunos, geram, consequentemente, diferentes visões sobre o fazer educacional, de forma que podem mobilizar seus atores em torno de soluções de curadoria.

Para citar um exemplo, pode-se destacar o trabalho de Mihailidis e Cohen (2013), que exploram o conceito de curadoria como uma função pedagógica orientada a estudantes visando melhorar a educação digital e a alfabetização midiática. Com base em um estudo de caso envolvendo a plataforma de curadoria digital Storify (que esteve aberta ao público até maio de 2018), os autores apresentam seis formas/aspectos por meio dos quais a curadoria pode ser usada para ensinar sobre pensamento crítico, análise e expressão comunicativa *on-line*: "Onde os opostos se atraem"; "Integração de meios, mensagens e plataformas"; "Fontes, vozes e credibilidade *on-line*"; "Enquadramento, polarização, agenda e perspectiva"; "Apreciando a diversidade"; "Fortalecendo valores e vozes cidadãs".

A obra de Mihailidis e Cohen busca incentivar professores, particularmente nos níveis de ensino secundário e superior, a preencherem a lacuna entre o aprendizado informal fora da sala de aula e a aprendizagem formal para criar um lugar mais dinâmico, a fim de que os alunos promovam a investigação crítica, o diálogo e o envolvimento por meio de novas formas de criação de conteúdo, curadoria e disseminação (ver p. 63 e figura 4.2).

A relevância do aluno na curadoria educacional

Considera-se cada vez mais relevante preparar os alunos para a era digital e móvel, de forma a levá-los a desenvolver competências necessárias para uma vida em constante evolução tecnológica.

Ao ser bem preparado, esse aluno não estará suscetível à obsolescência tecnológica, pois traz aspectos essenciais para lidar com ela, nem ao despreparo para novos raciocínios que essa vida contemporânea em constante transformação propõe. Para tanto, é preciso aproveitar e incentivar a curiosidade humana, a capacidade de ouvir e de buscar conhecimentos diversos no contexto de espaços de informação integrados, compartilhamento constante, identidades públicas e baixas barreiras à produção (HOBBS, 2011).

Um dos maiores impactos da internet hoje é a integração de vários tipos de informação (notícias, entretenimento, comunicação pessoal) e mídias (televisão, rádio, impressão) em espaços agregados. Os motores de busca e as redes sociais substituíram canais específicos, shows e até *sites* como os lugares nos quais os jovens geralmente obtêm informações. Muitas plataformas de comunicação que permitem o alcance em larga escala das mensagens de mídia cultivaram uma vasta paisagem de informação que não possui estrutura organizacional básica.

O resultado é que os alunos não só têm acesso a informações aparentemente intermináveis como também personalizam conteúdos e os reorganizam de uma forma que melhor lhes permite dar sentido a um tópico e compartilhá-lo com colegas (LESSIG, 2008). Os professores em todos os níveis de educação devem estar preparados para negociar as realidades digitais de seus alunos, pois eles projetam experiências de aprendizado em torno de pesquisa crítica, análise e avaliação. Sempre há um risco de construir um universo fragmentado de informações.

Na verdade, os educadores de hoje têm uma certa responsabilidade de concentrar as habilidades e experiências dos alunos em um exercício de participação com a mídia circundante (JENKINS *et al.*, 2009).

Jenkins *et al.* abordam a capacidade das novas tecnologias de mídia para facilitar pesquisas críticas, exploração ativa e diálogo:

> A cultura participativa está emergindo à medida que a cultura absorve e responde à explosão de novas tecnologias de mídia que tornam possível aos consumidores comuns arquivar, anotar, apropriar e recircular conteúdo de mídia de novas maneiras poderosas. (JENKINS *et al.*, 2009, p. 8)

Os autores destacam o tipo de atividades *on-line* que os espaços participativos permitem – arquivar, anotar, apropriar e recircular –, os quais ocorrem em tempo real e no contexto de abundante fluxo de informações. Os hábitos que as tecnologias participativas viabilizam também oferecem uma série de oportunidades para facilitar a navegação, a conservação e a apropriação de informações mais esclarecidas.

Jenkins (2006, p. 4) identificou um conjunto básico de habilidades-chave que "se fundamentam na base da alfabetização tradicional, em habilidades de pesquisa, em habilidades técnicas e em habilidades de análise crítica ensinadas na sala de aula". As habilidades identificadas, como a performance, a simulação, a apropriação, a multitarefa, a cognição distribuída, a inteligência coletiva, o julgamento, a navegação transmídia, a rede e a negociação, têm no centro a capacidade de envolver inquéritos multimodais, plataformas multimídia e informação por meio da curadoria.

Tradicionalmente reservada àqueles que trabalharam com materiais físicos em ambientes de museu ou biblioteca, a curadoria evoluiu para aplicar-se ao que todos estamos fazendo *on-line*. A preservação e a organização de conteúdos *on-line* agora são em grande parte as responsabilidades do indivíduo em espaços de informação altamente personalizados. Isso criou uma necessidade de entender como as pessoas escolhem juntar, peneirar, organizar e apresentar informações dentro desses espaços. O compartilhamento, a apropriação e a colaboração *peer-to-peer*[1] estão no centro do que o estudioso Clay Shirky (2010) vê como a nova dinâmica de comunicação que as tecnologias digitais habilitaram.

Em todos os níveis de educação, atualmente, os alunos entram na sala de aula com alta familiaridade com ferramentas e plataformas digitais (PRENSKY, 2001; ROSEN, 2012). Contudo, a noção de que essa familiaridade se traduz em um nível elevado de competência tecnológica tem sido contestada em diversos patamares de educação (HARGITTAI, 2005; JONES *et al.*, 2010; KENNEDY; FOX, 2013).

O crescente uso de plataformas e ferramentas digitais requer necessariamente um novo exame da validade do ensino sobre pensamento crítico, investigação e análise por meio de modelos tradicionais de escrita em papel e provas, em que o material de pesquisa é amplamente apresentado de diferentes maneiras, muitas vezes necessitando de uma autoria mais pessoal e engajada.

Pesquisas sobre juventude e alfabetização na educação mostraram que os métodos pedagógicos adequados que abordam a investigação crítica *on-line*, a construção do conhecimento, a confiabilidade e a navegação na internet podem aumentar a alfabetização digital e midiática (KUIPER; VOLMAN, 2008; SANCHEZ; WILEY; GOLDMAN, 2006; TABOADA; GUTHRIE, 2006).

Assim, embora as técnicas tradicionais permaneçam relevantes para os alunos de hoje, é necessário explorar modelos pedagógicos que visem capacitar o pensamento crítico no contexto das realidades digitais atuais.

---

1 *Peer-to-peer*: colaboração em pares, implica o conceito educacional de interação, de participação colaborativa.

Abordagens pedagógicas da curadoria na escola

Para ajudar a orientar abordagens pedagógicas para ensinar a curar na sala de aula, Mihailidis e Cohen (2013) sugerem três pontos de contexto específicos aos educadores de mídia a serem considerados na integração de novas abordagens ao ensino sobre pesquisa e análise crítica *on-line*:

1. Curadoria como uma nova organização midiática.
2. Curadoria como valor agregado.
3. Curadoria como alfabetização midiática e digital.

Esses autores ressaltam que essas abordagens, embora aplicáveis em todos os níveis educacionais, são principalmente importantes para educação secundária e de ensino superior. Na sequência, apresentamos mais detalhes sobre esses três tópicos.

Curadoria como uma nova organização midiática

As primeiras versões da *web* baseadas em navegador, ou os chamados *browsers*, apoiavam-se no conhecimento sobre os usuários, sobre como pesquisar conteúdo com base em interesse, usando palavras-chave conhecidas. Com o progresso da banda larga, o avanço do código e os bancos de dados, os usuários da *web* passaram a processar informações em categorias que organizavam todas as palavras existentes em categorias de assuntos. Em um ambiente de mídia social, o consumidor de informações é o provedor.

À medida que a informação é disseminada e o conteúdo na internet se expande exponencialmente, as ferramentas organizacionais tornam-se uma necessidade. Uma pesquisa *on-line* pode resultar em descobertas valiosas, contudo deve-se estar atento, pois pesquisas realizadas em um mesmo período podem apresentar resultados completamente diferentes. Os agregadores digitais foram criados para que usuários da *web* organizem conteúdo *on-line*.

Delicious, um sistema de *bookmarking on-line* desenvolvido pelo engenheiro norte-americano Joshua Schachter em 2003, forneceu uma maneira de agregar descobertas *on-line* em um só lugar. Um dos recursos avançados do sistema foi a capacidade do usuário de reorganizar o conteúdo com suas próprias designações de categoria. Esse processo, quando usado com uma marca de hash (#), é o *hashtagging*. As *tags* funcionam como uma forma de marcadores para as pessoas não só lembrarem mas também divulgarem páginas na *web* (WEINBERGER, 2007).

Aliado ao conceito de *tags* surgiu o *feed* pessoal, em que os usuários agregam conteúdo em interesses distintos atualizados à medida que as informações são adicionadas à *web*. A prática de organizar conteúdo pode resultar em valor pessoal para o indivíduo, mas também permite que o valor social se manifeste mais tarde (SHIRKY, 2008).

Shirky entende que o uso do Flickr durante os atentados de Londres em 2005 continha valor imediato. Como a mídia tradicional não pôde atualizar fotografias ou notícias rapidamente após os eventos, as pessoas que já estavam no sistema de transporte usaram o serviço Flickr para fazer *upload* de fotos das consequências. Muitas fontes de notícias – assim como familiares de vítimas – utilizaram o serviço para obter mais informações (SHIRKY, 2008).

Quando a informação é filtrada por meio de sistemas hierárquicos, o consumidor médio tem de esperar até que a informação lhe seja fornecida. O acesso ao avanço das tecnologias de comunicação encoraja os usuários, especialmente os estudantes, a promover a educação, a autoexpressão democrática e o progresso social (KELLNER; SHARE, 2007). O acesso a mais informações de fontes diretas acrescenta a responsabilidade de participação com a mídia e requer um envolvimento de mídia experiente ao considerar o modo como as imagens e as informações em tempo real se coordenam.

À medida que a internet continua a se desenvolver tecnicamente, vão surgindo e aprimorando-se cada vez mais as ferramentas organizacionais para a experiência do usuário. Hoje, os estudantes têm contas em inúmeras plataformas nas quais organizam informações. De avaliações de restaurantes e filmes a bancos, viagens e compras, a *web* exige a curadoria como padrão para usuários navegarem em seu conteúdo exponencial. A organização não é mais simplesmente para rotinas diárias, passatempos ou *hobbies*, mas também para notícias e assuntos atuais. Como resultado, as organizações de notícias ajustaram suas rotinas diárias à lógica da *web*, integrando plataformas de redes sociais, hipertexto, fluxos de vídeo e segmentação para interagir melhor com o público (TEWSKBURY; WITTENBERG, 2012).

De marcadores e agregadores para listas de Twitter e grupos do Facebook, a investigação em todos os tópicos leva o usuário a decidir o que manter, o que descartar, em quem confiar, o que é credível e por quê. Dentro dessa nova paisagem centrada no usuário, as negociações sobre controle e autonomia de como a informação é organizada ainda existem. Em razão da abundância de informações *on-line*, há especialistas em jornalismo e informações mais valiosos e confiáveis, mas existe também a possibilidade de detectar erros, mentiras e desinformação (BARTLETT; MILLER, 2011).

As redes sociais e os motores de busca como Facebook, Twitter e Google desempenham um papel importante na capacidade organizacional das informações em suas plataformas. Do *design* ao algoritmo, a internet reproduz algumas das antigas lutas de poder que lidam com acesso à informação, controle de conteúdo e relacionamento entre distribuição e recepção (MOROZOV, 2011). Nesse contexto, no entanto, o usuário agora tem mais flexibilidade para interagir, moldar, organizar-se e fornecer quantidades abundantes de informações.

Nesse sentido, cabe exemplificar a relação da curadoria com problemas práticos do dia a dia dos estudantes que podem ser incorporados a projetos e programas educacionais. Para a solução desses problemas, deve haver uma base de projeto que conduz à investigação, seja individualmente ou em equipes, colaborativa ou cooperativamente, exercendo graus de responsabilidade, seja na escolha das tarefas, seja na obediência aos prazos para a entrega de soluções, seja na qualidade das interações entre professor e aluno e entre os alunos, sobre como fazer as perguntas e esclarecer fatos com base em conteúdos desafiadores.

Curadoria como valor agregado

Enquanto a *web* oferece uma série de ferramentas para organizar conteúdos, ela evolui na medida em que permite a mistura de informações sociais, profissionais e pessoais. As plataformas de redes sociais integram conteúdos de usuário a usuário, reproduzindo notícias e informações de muitos para muitos. Como espaços sociais, tais plataformas também fizeram o compartilhamento de seu mecanismo padrão.

O Twitter, o *site* de microblog, foi a primeira mídia social a empregar uma tática de organização que incentivou a criação como valor agregado. Em 2009, o Twitter adicionou o recurso "lista" ao *site*, permitindo que os usuários guiassem outros usuários do Twitter em *feeds* organizados. O movimento foi considerado um ato de exclusividade, de forma que os usuários pudessem chegar a um acordo sobre como extrair valor das nossas redes – ao mesmo tempo que filtravam a *clutter*[2] (ARMANO, 2009).

O início das listas incentivou os usuários a considerarem o valor das informações *on-line* de maneira mais proposital, categorizando seus fluxos de conteúdo para fins específicos. Quando as listas são públicas, o usuário torna-se um especialista de fato, mostrando o valor colocado em certas fontes e organizações e certos indivíduos sobre outros. Para Shirky (2017, p. 17), esse tipo de curadoria "permite que as pessoas anteriormente conhecidas como o público criem valor um para o outro todos os dias".

Em seguida, o YouTube, o maior serviço de compartilhamento de vídeo no mundo, realizou uma completa reestruturação de seu *site*, permitindo ao usuário ter mais controle sobre o conteúdo carregado no *site* a cada minuto. Lev Grossman (2012) explicou que o usuário poderia competir com as redes simplesmente curando e organizando conteúdo – muitas vezes, melhor do que uma rede. O Facebook também passou a integrar listas de interesse em sua plataforma, que permite ao usuário "curar" páginas, amigos, líderes de pensamento e notas públicas em uma lista de interesse que pode ser compartilhada com outros usuários (CONSTINE, 2012). Essa função é resultado da expansão do Facebook em um repositório de informações mais diversificado e inclusivo.

As redes sociais, nascidas como espaços para dialogar e conversar, tornaram-se uma troca de informações onipresente. As pessoas hoje referem-se a redes sociais, agregadores e aplicativos móveis para todos os afazeres cotidianos relacionados à informação, em vez de local de mídia específico para notícias, políticas, comunicação pessoal e lazer. Por sua vez, as redes sociais forneceram novas funções que ajudam os usuários a curarem informações de maneira significativa e produtiva.

---

2 *Clutter* significa bagunça, desorganização.

Curadoria como alfabetização midiática e digital

Curadoria é um ato de resolução de problemas. Curar informações para organizar novas narrativas cria um senso de responsabilidade para o curador. A prática de narrativas avança os princípios básicos de alfabetização em mídia de análise, avaliação e criação.

Ao curar, os alunos podem compor uma narrativa usando o conteúdo adquirido em sua pesquisa com maior conscientização de propósito e público. Todas as mídias *on-line* são pesquisáveis por qualquer usuário da *web*, mas a tarefa do curador é organizar a informação para a construção dessa narrativa para compartilhar com os outros de forma coerente, matizada e clara. Guiados pelo professor, os alunos podem acessar conteúdo, analisar e avaliar as mensagens, criar apresentações, refletir sobre descobertas e trabalhar em ambientes colaborativos (HOBBS, 2010).

A tecnologia em um ambiente educacional tem sido utilizada principalmente como forma de melhorar a facilitação da apresentação e a organização da sala de aula. Contudo, a curadoria educacional também pode se manifestar em ambientes carentes de tecnologia de informação e comunicação valendo-se de buscas em bibliotecas físicas e outras fontes de acesso. O celular individual e personalizado também pode ser uma fonte imediata de pesquisa e organização informacional (GARCIA, 2017).

Pode-se considerar que pouco tem sido feito no sentido de estruturação em torno de integração significativa com pedagogias para capacitar a agência crítica para o futuro digital. A curadoria como alfabetização em mídia digital, nesse aspecto, pode ser inspiradora em torno da análise crítica da informação em relação ao indivíduo (ERSTAD; GILJE; DE LANGE, 2007), mas também no que se refere à investigação crítica sobre estruturas hegemônicas na democracia participativa e sobre reflexões críticas e desenvolvimento de habilidades para combater a passividade, o pensamento coletivo e a espiral do silêncio (KELLNER; SHARE, 2007).

Os alunos com fluência em ferramentas *on-line* tendem a usar tecnologias para os mais variados propósitos, que podem ir muito além daquilo que é exigido em sala de aula (JONES *et al.*, 2010). Bartlett e Miller (2011) descobriram que os estudantes são frequentemente vulneráveis a excesso de confiança em seu uso na *web* e têm "confiança cega" na *web* em geral.

A natureza rápida e vasta da internet geralmente leva ao consumo acrítico e à escolha de *sites* mais agradáveis em *design*, esteticamente falando, em detrimento do conteúdo de qualidade (KIILI; MARTTUNEN, 2008). Esses hábitos, quando não discutidos na sala de aula, podem acelerar os usos descuidados e não críticos de informação.

Para ajudar a mitigar a confiança cega e o consumo acrítico na *web*, Kellner e Share (2005) apresentam um modelo de alfabetização crítica baseada em não transparência, códigos e convenções, decodificação de público, conteúdo e mensagem e motivação.

A alfabetização midiática crítica, nesse contexto, é utilizada para combater as estruturas de poder hegemônico na sociedade, capacitando os alunos para tornarem-se pensadores críticos, transferindo assim o poder das mãos dos distribuidores para as mãos dos receptores. Essa linha de pesquisa cresceu com base no trabalho do grupo New London (1996), que propôs uma pedagogia que atenda à diversidade para tornar possível a promoção de estratégias educacionais que respondam pelo conjunto diversificado de traços culturais englobados pelas sociedades e capazes de ajudar a enfrentar o crescimento e a evolução acelerados de novas tecnologias de mídia, plataformas sociais e mídia móvel. A ideia é fomentar tal pensamento crítico e diversificado em resposta a paisagens midiáticas que já não se encaixam em estruturas hegemônicas diretas.

Mais recentemente, as discussões sobre a alfabetização midiática crítica têm adotado abordagens mais participativas e ativas para a educação em mídia. Além de Jenkins *et al.* (2009), os estudos mostraram que o aumento dos níveis de alfabetização em internet, competência digital e aprendizagem *on-line* orientada para objetivos pode levar a melhor qualidade em tempo *on-line*, bem como melhor análise por parte do usuário (KAHNE; LEE; FEEZELL, 2012; RHEINGOLD, 2008). Mimi Ito, em *Living and learning with new media*, escreve sobre a fricção entre jovens participativos e instituições de educação tradicional:

> A participação na era digital significa mais do que poder acessar informações e cultura em linha séria. Os jovens podem se beneficiar do contato com educadores que sejam mais abertos às formas de experimentação e exploração social, que geralmente não são características das instituições educacionais. (ITO, 2009, p. 2)

As abordagens participativas da alfabetização midiática combatem as novas estruturas hegemônicas com as quais os jovens convivem atualmente – do Google a Facebook, Twitter e similares – e se relacionam diretamente com as novas ideias de envolvimento social apresentadas por Dalton (2009), Loader (2007), Dahlgren (2012) e Bennett (2008). Esses estudiosos evitam noções tradicionais de cidadania baseada em dever, como voto, impostos e deveres militares, e promovem noções de cidadania com base no trabalho, como voluntariado, expressão, protesto (DALTON, 2009).

A participação é o núcleo desse engajamento, e a aprendizagem deve incorporar abordagens participativas e holísticas para refletir esse novo ambiente social (DAHLGREN, 2012).

Curadoria, entendida como habilidade crítica de alfabetização em mídia em um contexto digital e participativo, pode trabalhar em um micronível para ensinar sobre viés, manipulação, molduras e agendas por meio de narrativas orientadas por alunos; e, também, em um nível macro para ensinar sobre como a criação, a distribuição e a recepção de informações ajudam a capacitar o envolvimento social saudável na democracia participativa.

Ferramentas organizacionais

Existe uma gama de ferramentas na *web* que podem ser utilizadas para promover curadoria educacional, sendo gratuitas, relativamente fáceis de usar, populares e bem desenhadas para a execução de uma série de tarefas.

Assim, destacam-se Facebook, Twitter, YouTube, Prezi, Pinterest, Storyful, Amplify, Scoop e Instagram, entre outras, as quais permitem aos usuários organizar seus perfis de informação em todos os tipos de conteúdo e formatos de mídia. Essas ferramentas trazem as seguintes características: são organizadas para controle de usuários fluidos e trabalham com compartilhamento padrão e personalização.

O uso de ferramentas de curadoria e edição em sala de aula

Uma ferramenta em particular, denominada Storify, permitia que a curadoria de todos os tipos de informação da *web* se transmitisse em uma única plataforma de história. Essa plataforma ficou aberta ao público até maio de 2018.[3] Embora o Storify não

---

3 Atualmente em nova versão, o Storify 2 está disponível apenas para aqueles que comprarem uma licença Lifefyre.

estcja mais ativo, deixou boas lições que podem ser ampliadas, segundo estudos de Mihailidis e Cohen (2013).

Diversas outras ferramentas podem ser adotadas para fazer curadoria, conforme o conteúdo a ser trabalhado, o tema e o foco, considerando-se também os objetivos da atividade e o produto final que se deseja obter. Algumas delas possuem, inclusive, recursos para que os usuários do Storify transfiram seus conteúdos, como mostra o quadro 4.1.

Quadro 4.1 – Ferramentas para curadoria de conteúdo digital.

WordPress	Pode ser adotado para a curadoria de materiais de mídia social por permitir incorporar conteúdos de mídia sociais, reorganizando-os de forma rápida, conforme a necessidade do usuário.
Del.icio.us	Ferramenta que permite marcar, selecionar e organizar *sites* preferidos sobre qualquer assunto, a fim de que se seja possível consultá-los de qualquer lugar.
Pinboard	*Site* de *bookmarking* social, com *design* simples e foco no gerenciamento pessoal de marcadores, usando *tags* para organizá-los como nas versões anteriores do Del.icio.us.
Flickr	*Site* de hospedagem, compartilhamento e organização de imagens como fotografias, desenhos e ilustrações.
TweetDeck (com recursos para hospedar conteúdos do Storify)	Aplicativo de mídias sociais, que integra mensagens do Twitter e do Facebook. Como outros aplicativos de Twitter, sua interface é como a do Twitter API, que permite aos usuários enviar e receber *tweets* e ver perfis de usuários. Também pode ser usado para abrigar coleções curadas.

(cont.)

Wakelet (com recursos para hospedar conteúdos do Storify)	Ferramenta para criar coleções interessantes, salvando, organizando e compartilhando conteúdos da *web*, como artigos, vídeos, imagens, *tweets*, textos, etc.
Sutori	Ferramenta gratuita para contar histórias e fazer apresentações, tornando simples o compartilhamento de conteúdos de mídias sociais.
Twitter	Rede social e serviço para *microblogging*, por meio do qual os usuários enviam e recebem atualizações de outros contatos, com um limite de 140 caracteres.
Google Sheets	Aplicativo para Android e iOS que permite aos usuários criar, editar e colaborar com documentos criados com base no serviço de planilhas *on-line* Google Drive. Também pode ser usado para fazer a curadoria de conteúdos, no entanto seu produto final não é visualmente convidativo. Para aqueles que querem compartilhar com outras pessoas talvez não seja uma boa opção.

Fonte: adaptado de Levine (2017), Brenner (2018) e Benito (2018).

Alguns dos diferenciais dessas ferramentas que podem ser inspiradores nos projetos de curadoria são os apresentados a seguir.

- Acesso integrado e facilitado a mídias sociais como Facebook, Twitter, Flickr, YouTube, bem como a *links* externos.
- Emprego de verdadeiras fontes jornalísticas, integrando conteúdos de redes sociais, *blogs* ou diálogo.
- Criação de uma série de histórias curadas que negociem fontes tradicionalmente "profissionais" dentro da infosfera

hipermidiática, recapitulando e recontando outras histórias, juntando tantos pontos de vista, ângulos e fontes quanto possível.

- Integração de conteúdos de redes sociais, *blogs* ou diálogo *peer-to-peer on-line*, combinando fontes de impressão, vídeo e áudio estrategicamente.

A abordagem da pedagogia da curadoria – mais especificamente dirigida ao contexto digital – deve valorizar a capacitação de uma competência individual em torno da expressão, da comunidade e do valor. Os jovens precisam ser conscientizados sobre a responsabilidade que lhes cabe na internet. Cada clique em uma página, cada *link* compartilhado com um grupo, cada atualização de *status* ajuda a definir a qualidade e a diversidade de informações *on-line* e orientam como se constroem percursos e hábitos dos usuários, tanto dentro como fora do ambiente escolar.

Dessa maneira, a chave para a pedagogia orientada para a curadoria consiste no fato de ela ser capaz de dotar os alunos da compreensão do que as tecnologias digitais fornecem e expõem e do que se pode delas extrair, além de como podemos usá-las para desenvolver os hábitos mais "saudáveis" de comunicação tanto na internet como fora dela. Esses são hábitos que devem ser tratados, discutidos e incorporados em práticas educacionais, já que cada vez mais nossas funções sociais são conduzidas por plataformas e espaços mediados por tecnologias digitais.

Curadoria como competência básica midiática: alunos como curadores

Mihailidis e Cohen (2013) entendem a curadoria como uma competência básica de alfabetização midiática para a geração digital. Nesse caso, atribui-se aos alunos também o papel de curadores. Essa habilidade advém da prática de debates, assim, por exemplo, os estudantes, como curadores, podem debater a respeito da avaliação de conteúdos, perspectivas, plataformas, agendas à medida que selecionam, classificam e organizam informações encontradas na internet.

Nesse caso, pode-se entender uma curadoria de construção mental, de raciocínio, com suporte cognitivo, também orientada à participação.

Contudo, os autores sugerem que deve haver uma instrumentalização para que tal curadoria ocorra, visando ao consumo e à produção de mídia, além de avaliação e análise críticas, com participação em diálogos em âmbitos local, nacional e global. Isso poderia ser feito por meio de abordagens educativas orientadas por alunos, para a criação coletiva e integrada entre eles. As temáticas podem ser levantadas em círculos de discussão. Uma abordagem também interessante seria perguntar aos estudantes como eles obtêm as informações e quais estratégias têm usado para discernir sobre a qualidade do conteúdo. Nesse momento, o professor, dialogicamente, pode fornecer novas referências e mesmo propagar as boas soluções dadas pelos alunos aos seus colegas.

Espera-se que, nesse sentido, os alunos consigam se capacitar sobre como incorporar e vivenciar a diversidade de posições, desenvolvendo competências essenciais no processo de curadoria. À medida que os alunos aprendem a construir textos com ideias bem articuladas com base em uma ampla variedade de fontes, eles podem também aprender sobre os diversos tipos de conteúdo, que poderão lhes fornecer subsídios para participar das mais variadas discussões de maneira reflexiva, inteligente e que agreguem valor ao grupo e à sua própria construção de conhecimento.

A figura 4.2 apresenta abordagens pedagógicas de curadoria e suas inter-relações, destacando a curadoria como um núcleo de competência de alfabetização e mídia digitais.

Figura 4.2 – Abordagens pedagógicas de curadoria educacional.

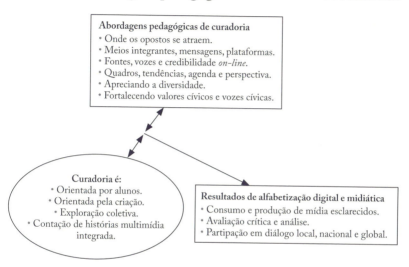

Fonte: adaptada de Mihailidis e Cohen (2013).

Embora a figura 4.2 represente uma tentativa bastante ampla de criar uma curadoria na discussão sobre alfabetização midiática, deve-se lembrar que essa abordagem apresenta algumas limitações em razão de questões teóricas e práticas. Isso porque o acesso tecnológico nas escolas ainda é, de modo geral, bastante desigual.

Ter acesso a programas de curadoria digital significa necessariamente que os alunos devam, na maioria do tempo, estar *on-line*, com computadores e conexão à internet disponíveis e com habilidades básicas de navegação *on-line*. Infelizmente, diversas necessidades tecnológicas e de conexão devem ainda ser atendidas em muitas escolas, principalmente no âmbito nacional das escolas públicas e em se tratando de dispositivos móveis (GARCIA, 2017). Contudo, os esforços devem ser incentivados nesse sentido de curar conteúdos, mesmo reconhecendo a carência tecnológica.

É importante ainda mencionar que a curadoria deve, antes dos aspectos tecnológicos, buscar meios de valorização dos percursos de pesquisa e investigação dos alunos, podendo ser também fomentada com recursos não digitais.

SUPORTES EDUCACIONAIS PARA A CURADORIA

5

Existem alguns suportes e contextos educacionais capazes de viabilizar as práticas de curadoria. Para tanto, estamos nos apoiando em Felder e Brent (2011), que definiram sete desses princípios, os quais foram adaptados em sua construção dos suportes ora trabalhados:

- conhecimento prévio dos alunos por parte do professor;
- interesse sobre como os alunos organizam mentalmente o conhecimento;
- motivação;
- aquisição de novas habilidades;
- seguir objetivos e fornecer *feedbacks*;
- clima social e emocional da sala de aula;
- autorreflexão.

Suporte educacional 1: conhecimento prévio dos alunos por parte do professor

Sobre esse suporte, que mescla base cognitiva sobre os domínios prévios dos alunos com estratégias pedagógicas de curadoria que serão modeladas pelo professor, entende-se a importância de o professor explorar o perfil e os interesseres de seus alunos para poder propor atividades mais adequadas a eles.

As teorias de base construtivista enfatizam que há mais chances de os alunos reterem e expandirem informações quando estas estão vinculadas a seu conhecimento prévio, e o professor poderá ter uma visão expandida desse conhecimento prévio.

Esse aspecto também está relacionado ao poder que as narrativas pessoais têm sobre os processos de aprendizagem (MORAN, 2017), que inclui, além do conhecimento prévio, experiências anteriores de aprendizagem. Se o aluno se insere em ambientes ricos em ofertas e estímulos sobre sua expressão, sobre fenômenos da vida, leituras, experiências, isso deve ser resgatado pelo professor, a fim de que esse processo de reconhecimento de tais pressupostos garanta aprendizagens futuras.

Suporte educacional 2: interesse sobre como os alunos organizam mentalmente o conhecimento

Sobre esse suporte, de base mais cognitiva, a ideia é entender os processos que implicam a organização do saber pelos estudantes e também, dessa forma, acompanhar como eles aplicam o que sabem.

Nesse caso, por exemplo, implica explorar como os estudantes estruturam esquemas, mapas conceituais, mapas mentais, desenhos, infográficos, representações mnemônicas, resumos, entre outros.

Esse aspecto busca melhorar a linguagem e os formatos que o professor utilizará ao fazer a curadoria de alguns assuntos, bem como valorizar e expandir os esquemas de organização mental que os próprios alunos já dominam para aprender.

Os alunos mais visuais e sinestésicos podem se beneficiar de orientações sistemáticas nesse sentido e também devem reconhecer nossos formatos de organização de conteúdos para que possa, além de aprender, mostrar e compartilhar entre os demais. Esse princípio busca favorecer a relação entre memória de curto e de longo prazo, para que se efetive a aprendizagem.

Suporte educacional 3: motivação

O aspecto da motivação é sempre difícil de abordar em termos teóricos, principalmente, porque seu conceito abriga muitas perspectivas sobre como tratá-lo. Segundo Ribeiro (2001, p. 2), "a maioria dos psicólogos define motivação como um processo que tenta explicar fatores de ativação, direção e manutenção de conduta, face a um objetivo desejado".

Nessa perspectiva sobre motivação insere-se uma razão produtiva e orientada para que se alcance um objetivo. Assim, a motivação direciona e sustenta o que os alunos escolhem para aprender e procuram seguir uma meta. A aprendizagem é uma série de conquistas, muitas vezes direcionadas por tarefas, que visam ao alcance de objetivos claros.

Em termos de aplicação de metodologias, a motivação também sustenta escolhas. Ela envolve negociar temáticas a serem investigadas, na forma de projetos, por exemplo, com base no que se conhece dos alunos. Desse modo, relaciona-se ao suporte 1.

É importante destacar que a motivação intrínseca emerge à medida que o estudante percebe o seu valor em todas as etapas da aprendizagem, tornando-se participativo e envolvendo-se em todos os processos. Nesse sentido, a clareza sobre o que fazer e aonde se quer chegar na aprendizagem são aspectos essenciais para manter a motivação dos estudantes.

Suporte educacional 4: aquisição de novas habilidades

Para alcançar algum domínio sobre algo novo, os estudantes devem, na maioria das vezes, adquirir novas habilidades. Se o aluno é convidado a participar de um projeto, mas não tem noção sobre por onde começar, recursos, tarefas, condições de pesquisa, precisa adquirir essas habilidades antes de iniciar. Contudo, deve ser "diagnosticado" pelo professor sobre o que precisa aprimorar.

As habilidades funcionam como uma alavanca para o alcance de metas imediatas; podem surgir em função de novos desafios a serem encarados e podem também ser aperfeiçoadas para além da vida escolar. Elas podem ser adquiridas simultaneamente ao realizar algumas ações, contudo devem ser comentadas pelos professores quanto à sua falta, para que não comprometam os resultados das práticas.

No caso mais específico da curadoria educacional, é possível elencar algumas habilidades específicas. Destacamos algumas necessárias aos alunos: saber trabalhar dados (levantar/comparar/associar/checar fontes); tomar decisões com base em informações trabalhadas; usar raciocínio lógico; ter poder de adaptabilidade a situações novas, pois algo poderá não dar certo; saber como, onde e quando aplicar o que já foi aprendido; boa comunicação escrita e oral; aprender com os erros; entender que todo trabalho finalizado por um momento terá continuidade, poderá ser expandido.

Da mesma forma, o professor deve se atualizar quanto às suas próprias habilidades para a curadoria educacional. Para isso, são necessários percepção sobre sua turma de alunos; ótima organização de processos e dados; constante aperfeiçoamento tecnológico; negociação; linguagem clara, entre outros aspectos.

Sem algumas habilidades, não é possível negociar, desenvolver temas, ou redigir, comunicar ideias, a fim de que os objetivos sejam alcançados. A pedagogia para curadoria é dialógica, embora sempre necessite de orientações e segurança sobre os domínios e habilidades já adquiridos. Por exemplo, se o estudante tem dificuldade em trabalhar etapas de pesquisa, o professor entra com os esclarecimentos e atualiza as habilidades para preparação de textos, pesquisa de fontes e comunicação de resultados, entre outros aspectos.

Suporte educacional 5: seguir objetivos e fornecer *feedbacks*

A prática de curadoria orientada a objetivos deve ter como procedimento necessário o uso constante de *feedback*. Este visa melhorar a qualidade das relações dialógicas entre professores e alunos e busca estabilizar sentimentos de insegurança dos alunos sobre se estão ou não no caminho certo.

Assim, a curadoria educacional funciona essencialmente com base em trocas entre seus atores, que têm claras para si as metas a alcançar. Nesse aspecto, o educador deve estar sempre próximo aos seus alunos, conhecendo suas reações e sua produção para dar *feedbacks* seguros.

O *feedback*, além de fornecer suporte à qualidade das produções, com correções e sugestões, fomenta a motivação, o interesse, não só pela segurança em saber que se está no caminho certo e de que há um apoio dialógico, mas também pela valorização do trabalho do aluno.

A ideia na curadoria educacional não é só de que o professor receba o trabalho dos alunos como conclusão de uma avaliação, mas de que esse possa ampliar a visão sobre o trabalho entregue, interessando-se pela forma como foi realizado, questionando, levantando sentimentos sobre como foi feito e uso de estratégias de aprendizagem utilizadas. Esses aspectos melhoram as condições de avaliação e valorizam os esforços dos alunos para realizar o projeto.

Assim, podem ser aplicadas algumas dessas perguntas norteadoras para a construção de *feedbacks*:

- como você se sentiu fazendo esse trabalho/essa pesquisa?
- poderia me dizer quais ferramentas usou para a sua formatação? Uso de recursos visuais/sonoros/de edição?
- em que ponto você sentiu mais dificuldade?
- você apelou para algum recurso extra, por exemplo, algum vídeo/tutorial para melhorar alguma habilidade que não tinha ainda?
- ao longo do processo, você fez trocas colaborativas entre seus colegas?
- está satisfeito com o produto final de seu trabalho?

Essas perguntas norteadoras podem inspirar outras formas de trocas, não só entre professores e alunos como também aluno-alunos e professores-professores. A partir do momento em que se dão *feedbacks*, são construídas ações de cooperação e de colaboração, gerando interesses mútuos.

Suporte educacional 6: clima social e emocional da sala de aula

O nível atual de desenvolvimento, satisfação e interesse dos alunos é resultado direto do clima social, emocional e intelectual vivenciado em sala de aula, podendo impactar tanto positiva como negativamente a aprendizagem. Se o clima for favorável para as ações educacionais, a curadoria também será favorecida.

Caso o professor constate falta de bom clima de entrosamento entre os alunos em sala de aula, esse aspecto deverá ser trabalhado antes das proposições de projetos de curadoria. Isso porque toda a base da curadoria depende de um bom inter-relacionamento colaborativo e cooperativo entre todos os atores envolvidos. Ambientes desrespeitosos e agressivos em sala de aula inviabilizam toda e qualquer manifestação de inovação educacional.

Esses elementos também se espelham no clima de relacionamentos na escola em geral. Por exemplo, se crianças sofrem alguma forma de *bullying* e se isso é tratado, discutido entre todos, visando à melhoria das condições de convivência na escola, observam-se melhores relacionamentos em sala de aula, nos espaços comuns da escola, nos resultados e no nível de satisfação dos alunos.

Contudo, pode-se também iniciar a melhoria do clima de entrosamento positivo em sala de aula com base no reconhecimento das capacidades e habilidades dos estudantes, melhorando sua autoestima e, consequentemente, o nível de interação e participação em torno dos projetos propostos.

Suporte educacional 7: autorreflexão

A autorreflexão é um exercício necessário ao estudante para que ele possa entender o processo em que está inserido ao aprender algo. Trata-se de uma forma de metacognição, na qual os estudantes, envolvidos em processos de resolução de problemas, conseguem monitorar, avaliar ou mesmo alterar suas estratégias na busca de respostas.

Dessa maneira, os estudantes devem aprender a avaliar as demandas de cada tarefa e seus próprios conhecimentos e habilidades, bem como planejar sua abordagem, monitorar e ajustar suas estratégias conforme necessário. Um canal de comunicação claro é importante para expressar as dúvidas resultantes dos processos autorreflexivos.

Esse princípio auxilia no processo de discernimento sobre o que é certo ou errado no caso ao avaliar, ponderar e decidir – por exemplo, se o aluno teve ética ao trabalhar os conteúdos ou na tomada de decisão em propagar notícias que não foram checadas e poderiam ser falsas, entre outros aspectos.

É fundamental que os alunos conheçam os desdobramentos de atitudes não éticas e irresponsáveis em termos de uso de infomações falsas, e que não se trata somente em repassar sem refletir. Os estragos podem ser irrecuperáveis, portanto eles devem ser orientados sobre esses riscos.

Na verdade, o processo de autorreflexão é um dos mecanismos auxiliares da aprendizagem mais autônoma, que abrange o poder de escolhas, a análise do conteúdo, a responsabilidade, o exercício da liberdade de expressão.

ALGUMAS CONDIÇÕES QUE APOIAM AS PRÁTICAS DE CURADORIA

6

Há algumas condições importantes que apoiam as práticas de curadoria. Destacamos pelo menos cinco delas, as quais são definidas pelo que se determina como propósitos e abordagens no espaço educacional. São elas:

- educação ao longo da vida;
- criticidade;
- recursos abertos de aprendizagem (REAs);
- cuidado para evitar a sobrecarga cognitiva;
- discernimentos e julgamentos sobre as informações.

Também podem ser entendidas como condições que apoiam as práticas de curadoria atividades que impliquem o fazer individual e o fazer coletivo; e as metodologias ativas (dialógicas e híbridas). A relação entre metodologias ativas e curadoria é tema do capítulo 7 (ver p. 87).

Ressaltamos que tais condições devem ser tratadas de forma integrada, articulada, e elas têm a ver com as escolhas pedagógicas que a escola faz e o modo como orienta seus professores.

Nem todos esses aspectos precisam ser contemplados simultaneamente, porém é necessário haver uma linha coerente, capaz de uni-los. Por exemplo, se a escola se orienta pelo pressuposto da aprendizagem ativa, construída por sujeitos que usam suas capacidades cognitivas mais ativamente, que têm suas responsabilidades e, para tanto, são orientados a trabalhar interpessoalmente, com clareza dos seus propósitos da aprendizagem, então os processos de curadoria emergem de forma mais coerente. Caso contrário, eles não encontram aderência.

Um pressuposto importante para a aplicação da pedagogia de curadoria é entender que a vida ocorre, simultaneamente, dentro e fora da escola, e que os alunos têm condições de fazer pontes articuladas entre teoria e prática, contemplando as suas narrativas pessoais e a sua realidade.

As mídias digitais de comunicação interagem de maneira direta na vida desses indivíduos, e eles também devem ser providos de capacidades para fazer as suas devolutivas.

Da mesma forma, professores que atuam engajadamente os orientam também a serem alunos engajados, envolvidos em projetos e ações, capazes de apresentar soluções criativas e exequíveis no mundo real.

Educação ao longo da vida

O propósito da educação ao longo da vida deve ser pensado e posto em prática desde as primeiras séries educacionais, em que se formatam hábitos de autonomia nos estudantes. Esse construto tanto tem sua origem em atender a demandas políticas e sociais da pós-modernidade como se relaciona a metodologias, recursos e instrumentalizações para que os indivíduos se mantenham aprendendo.

Dessa forma, a educação que incorpora tecnologias midiáticas e digitais deve se comprometer, diretamente, com propósitos de "não dar mais o peixe e ensinar a pescar". Não se trata de uma decisão simplesmente metodológica, ou isolada de professores, nem mesmo impulsionada por modismos tecnológicos. Ela está comprometida com as realidades que exploram formatos, conteúdos, habilidades, competências e tecnologias do saber (BATES, 2016), que cada vez mais estão fora dos domínios da escola e que influenciam a formação dos indivíduos.

Alheit e Dausien (2006), embora reconhecendo haver dificuldade para definir o conceito relacionado à aprendizagem ao longo da vida, enfatizam: "Nós aprendemos durante toda a nossa vida, é evidente. Desde nossos primeiros passos e de nossas primeiras palavras até a nossa idade mais avançada, fazemos experiências novas, adquirimos novos saberes e novas competências".

Para os autores, a condição humana de estar continuamente aprendendo, seja onde for, de qualquer forma, dentro ou fora da escola, implica a aprendizagem respaldada por recursos, por estímulos, práticas e necessidades.

Um exemplo a destacar é a aprendizagem de inglês, conforme descreve Savonitti (2017), em que jovens e adolescentes conseguem alcançar um nível de proficiência com base na imersão em jogos digitais, comunicando-se com outros jogadores naquele idioma, e também com conquista de novas atitudes.

Os jogos também têm provado que direta e indiretamente podem ampliar referências de outros conteúdos, como história, língua materna, matemática, estratégia (SAVONITTI, 2017; SILVA, 2017). Embora não se tenha ideia de sua influência e sua extensão nos domínios para além da escola, eles de alguma forma fazem os alunos aprenderem por conta própria, adquirindo e desenvolvendo fluências, muitas vezes relacionadas ao autodidatismo, à autoaprendizagem, etc.

Essas capacidades produzidas por meio de exercícios constantes mediados por dispositivos da tecnologia digital têm influenciado a forma de agir, de raciocinar e de decidir, promovendo o desenvolvimento de habilidades para aprender ao longo da vida.

Serres (2013 *apud* SILVA, 2017, p. 16), ao reconhecer a extensão do poder das tecnologias digitais e móveis como preocupação da escola, declara: "A cabeça do aluno está nas mãos deste próprio aluno, ou seja, o dispositivo móvel transformou-se em memória. É ali que ele guarda tudo o que considera realmente importante".

A extensão da mémoria, como destaca Serres, bem como outros fatores que implicam autonomia e apropriação de novas abordagens para aprender, fortalecem as possibilidades da aprendizagem ao longo da vida, orientadas por demandas a serem enfrentadas futuramente pelo cidadão.

Criticidade

Os projetos de atuação do professor-curador conquistam maior adesão por parte dos alunos quando oferecem práticas que podem dar voz a eles, porém isso deve ser feito de maneira que produza posições bem alicerçadas, seja pela pesquisa de referências, seja por conteúdos bem embasados.

De acordo com Bhargava (2009), a ideia poderosa da curadoria reside no fato de que o curador não vem adicionar mais conteúdo à avalanche de informações que já está disponível. O curador é focado em ajudar a dar sentido a toda a informação disponível, selecionando aquilo que de fato agrega valor.

Para tanto, o autor propõe cinco modelos potenciais de curadoria de conteúdo que podem se adaptar a diferentes situações.[1]

---

1 Disponível em: http://www.educatorstechnology.com/2012/07/a-quick-guide-to-21st-century-critical.html. Acesso em: 29 mar. 2019.

1. **Agregação:**[2] Há uma enorme quantidade de informação *on-line*. O Google pode fornecer apenas o que há de mais relevante, embora existam milhões de páginas que aparecem em diversos tipos de busca. A agregação consiste em disponibilizar a informação mais relevante para determinado tópico em particular dentro de um único lugar. Os *blogs*, por exemplo, costumam postar listas em forma de catálogos, o que seria a maneira mais popular de curadoria de conteúdo (lista de dicas ou sugestões, soluções sobre determinado tema, por exemplo).

2. **Destilação:**[3] Consiste em fazer a curadoria da informação no formato mais simples possível, de maneira que as ideias mais importantes ou relevantes sejam compartilhadas. Tal prática pode resultar em perda de conteúdo. No entanto, o objetivo é produzir material de fácil digestão, apresentando uma visão superficial em vez de mais focada a respeito de um tema.

3. **Elevação:**[4] Consiste na missão de identificar em um grande texto aquilo que apresenta maior relevância. Pode ser considerada uma das formas mais difíceis de curadoria, porque requer capacidade analítica e *expertise*. Também pode ser um recurso poderoso em termos de compartilhamento de ideias.

4. **Mistura:**[5] Consiste em fazer a fusão de dois ou mais elementos específicos, criando algo com base em elementos já existentes. Trata-se de uma mescla que é capaz de trazer como resultado um novo ponto de vista. A Wikipédia pode

---

2 Termo original em inglês: *aggregation*.
3 Termo original em inglês: *distillation*.
4 Termo original em inglês: *elevation*.
5 Termo original em inglês: *mashup*.

ser considerada um exemplo desse recurso, na medida em que obtém múltiplos pontos de vista sobre um tema específico e o compartilha em um único local.[6]

5. **Cronologia:**[7] Trata-se de uma das maneiras mais interessantes de observar a evolução da informação ao longo do tempo e o modo como os conceitos ou nossa compreensão a respeito deles vai mudando. Criar uma cronologia é uma forma de curadoria que traz informação histórica organizada, baseada no tempo a respeito de um tema específico, proporcionando uma visão global histórica e ampliando nossa compreensão sobre aspectos envolvidos em determinada questão.

Recursos abertos de aprendizagem (REAs)

Os recursos abertos de aprendizagem representam também uma fonte de pesquisa que requer os cuidados de um curador para execução de projetos educacionais. Eles consistem em arquivos digitais disponíveis em repositórios, nos formatos de jogos, mapas, textos, objetos de aprendizagem, vídeos, livros digitais, arquivos em áudio (*podcasts*), etc., e podem dar suporte de conteúdo a pesquisas, oferecendo soluções de fontes para projetos.

Esses recursos têm finalidade educacional ou podem assumir tal finalidade, dependendo de sua aplicação. Normalmente estão dispersos na internet e acessíveis por ferramentas de busca.

---

6 A menção à Wikipédia como exemplo do tópico "Mistura" se deve ao seu formato, ao seu funcionamento. Em um âmbito maior – o do desenvolvimento, pelo internauta, da habilidade de discernir informações confiáveis entre as diversas outras disponíveis na *web* –, há que ser sublinhada a fragilidade da Wikipédia, que advém do fato de poder ser alimentada por usuários diversos sem uma checagem eficiente dos dados postados. Assim, o destaque dado a essa enciclopédia virtual em razão de seu formato não deve afastar o questionamento necessário sobre a fidedignidade do conteúdo ali disponibilizado.

7 Termo original em inglês: *chronology*.

Eles podem ser reusados, trabalhados em seus códigos abertos, absorvendo alterações inerentes à finalidade educacional, por possuírem licença livre.[8] Nesse caso, são denominados REAs.

Santos (2014) destaca 4 Rs que caracterizam os REAs:

- **reusar:** conceito fundamental, segundo o qual o reúso é autorizado pelo autor original, podendo ser uma parte ou o todo da obra;
- **revisar:** contextualização da obra, para que tenha significado em seu uso, proporcionando sentidos. Pode consistir em uma revisão de forma (por exemplo, pegar *slides* e transformá-los em videoconferência);
- **remixar:** forma de adaptação, embora implique uma combinação desse REA com outros trabalhos;
- **redistribuir:** forma de compartilhamento.

Como afirmado anteriormente, os REAs estão distribuídos em plataformas ou repositórios digitais e são elementos dinâmicos, pois podem receber uma série de adaptações. Santos cita, como exemplo de plataforma, a Educopédia Home,[9] ação da Secretaria Municipal do Rio de Janeiro que reúne REAs correspondentes aos currículos da educação infantil. O autor também cita os projetos Folhas e Livro didático público, de iniciativa da Secretaria de Educação do Estado do Paraná, que podem ser acessados no *site* Dia a Dia Educação.[10]

---

8 Os objetos de aprendizagem também podem constituir bons apoios para o conectivismo. Segundo Bates (2016, p. 101), "o conectivismo é realmente a primeira tentativa teórica de reexaminar radicalmente as implicações da internet e a exploração de novas tecnologias de comunicação para aprendizagem".

9 Disponível em: www.educopedia.com.br. Acesso em: 29 jan. 2018.

10 Disponível em: http://www.educadores.diaadia.pr.gov.br/modules/conteudo/conteudo.php?conteudo=6. Acesso em: 29 jan. 2018.

Cuidado para evitar a sobrecarga cognitiva

Pesquisar, navegar, ler, ver animações, acessar *podcasts*, jogar com finalidade educacional produzem um desgaste cognitivo que influi nas aprendizagens. Assim, a quantidade desses elementos que são oferecidos aos alunos, ou quando eles próprios se permitem acessar e consumir, deve ser planejada e equilibrada. Isso acaba levantando uma das justificativas para a curadoria, que incide também nessa questão.

Dessa maneira, não há dúvida de que a quantidade de informações que se pode tratar e transformar em conhecimento gera um grande esforço cognitivo, o qual Sweller (2012) denomina sobrecarga cognitiva.

Ela se estabelece na medida em que o indivíduo tem de utilizar recursos como memória, atenção, percepção, formas de representação do conhecimento, raciocínio, soluções criativas para a resolução de problemas. Há estratégias cognitivas que demandam um esforço menor, como resgatar uma experiência prévia para resolver novos problemas ou usar um padrão de respostas já esquematizadas, entre outros exemplos. Contudo, quando não há controle do esforço cognitivo, podem-se gerar ansiedade, nervosismo, falta de concentração, cansaço. Segundo Sweller (2012), a sobrecarga cognitiva ocorre na memória de trabalho no decorrer de alguma forma exagerada de instrução. O autor atesta que há limites na memória de trabalho.

Desse modo, é importante dosar as atividades para que não ocorra tal sobrecarga. Sweller sugere, como medidas aos *designers* instrucionais, a concepção de materiais didáticos que apresentem exemplos e problemas resolvidos.

Podem-se citar pelo menos dois princípios acerca da sobrecarga cognitiva, com foco nos materiais de instrução:

- a meta da instrução concebida nos materiais de ensino é a construção do conhecimento, que deve se localizar na memória de longo prazo;
- deve-se lançar mão de mecanismos para regular as quantidades de informação armazenadas na memória de longo prazo, visando que elas sejam menores e niveladas.

Frente a esses conceitos, reforçamos que existem limites de informações a serem processadas e armazenadas. Assim, as atividades de curadoria educacional devem proporcionar a busca de um equílibro no uso da informação.

Discernimentos e julgamentos sobre as informações

Com o advento das tecnologias digitais, que promovem alto volume informacional, variedade de fontes, *fake news*, entre outros aspectos, a curadoria educacional atinge uma dimensão mais responsável, pois têm se tornado cada vez mais urgentes a seleção e a organização de conteúdos de valor diante da ampla quantidade de material e informação acessíveis na internet, referentes às mais diversas áreas de conhecimento – incluindo, naturalmente, a educação.

Consciente ou não dessas práticas, o professor sempre exerceu um papel de curador. Contudo, o perfil de um professor-curador surge mais enfaticamente em um cenário de necessidades impostas com base em novas demandas para as suas práticas, que implicam domínios de diversas formas de fluências digitais, acessos diversificados de informação, para que ele possa dialogar pedagógica, cognitiva e afetivamente com os alunos atuais, cujos perfis e interesses têm se modificado profundamente.

Segundo Aviv Ovadya,[11] estamos caminhando para o infocalipse:

> O que fere mais a civilização: ninguém acreditando em nada, ou todos acreditando em mentiras? Se não tomarmos medidas imediatas para proteger nosso ecossistema de notícias e informações, poderemos descobrir em breve. Estamos nos inclinando para um infocalipse – uma falha catastrófica do mercado de ideias. (OVADYA, 2017, p. 1)

O autor aponta problemas atuais como a distorção da realidade pela informação falsa divulgada nos contextos das mídias sociais, o que afeta drasticamente o ecossistema de notícias e infomações. O termo infocalipse evidencia a necessidade de as pessoas serem mais bem preparadas para enfrentar esse fenômeno da desinformação.

A escola precisa se preparar para enfrentar esse combate, discutir com seus pares e atores os perigos e desdobramentos do uso e do reúso de informação falsa, encontrar meios para discernir e atuar sobre tais alterações da realidade. Isso significa não apenas investir nos processos de filtragem de notícias como também promover educação com foco social e político.

O tecnotismo, que significa crença de que a tecnologia melhora o mundo sempre, pode ser um problema que dificulta as discussões críticas sobre os fenômenos da desinformação, as quais devem estabelecer uma relação com a busca da verdade e com o raciocínio lógico, respeitando-se diferentes pontos de vista, para evitar formas de violência virtual, polarizações políticas e disseminação de intolerância.

---

11 Trata-se de um estudioso e crítico sobre a autenticidade do ecossistema de informações. É chefe do Center for Social Media Responsibility da Universidade de Michigan e bolsista de inovação da Knight News no Tow Center for Digital Journalism da Universidade Columbia, nos Estados Unidos.

Toda essa situação sinaliza para o preparo de estudantes sobre como tratar a informação distribuída em redes e mídias sociais. Ribeiro (2018) relaciona uma série de medidas que podem ser utilizadas no trabalho de formação dos alunos para o tratamento da informação:

- Checar se a notícia foi publicada por uma fonte conhecida, podendo ser uma pessoa física ou jurídica. Não se trata de um certificado de credibilidade; mas, se a notícia não estiver correta, a fonte estará sujeita a um processo criminal.
- Evitar *sites* em que não apareça o nome ou a assinatura de quem produziu o texto, a notícia ou a informação.
- Caso a notícia seja ilustrada por fotos, procurar identificar algum sinal de que as imagens foram de alguma forma manipuladas, alteradas, buscando verificar se são realmente compatíveis com o assunto pautado.
- Verificar se há diferença entre a forma como foi escrito o texto, narrativo ou opinativo, e o modo como os argumentos sustentam as ideias.
- Desconfiar de notícias que não ofereçam outras fontes. Uma notícia de impacto em tese é repercutida por fontes diversas, sejam veículos de comunicação conhecidos, sejam profissionais da área.
- Considerar que uma notícia não é necessariamente verdadeira só porque apresenta aquilo que o leitor quer encontrar. É necessário fugir de juízo de valor.
- Considerar que, quando uma notícia em meio digital apresenta *links*, vídeos, fotos, isso não é necessariamente uma prova, pois deve haver uma coerência na mensagem veiculada.
- Ler por completo uma informação antes de compartilhá-la em redes sociais. A leitura apenas do título não é suficiente. Mesmo a lendo completamente, devem-se aplicar as orientações apresentadas nos tópicos anteriores.

Essas ações conduzem a uma formação cidadã, que busca entender as coisas do mundo com consistência e análise.

Pappas (2013) salienta que, embora atualmente não seja tarefa complicada encontrar conteúdo educacional na *web*, gerenciar todo o material encontrado pode ser um tanto complexo e trabalhoso. E é exatamente nesse momento que se tem o trabalho do curador, que consiste em classificar a vasta quantidade de material na *web* e organizá-lo em torno de um tema educacional específico de forma coerente.

Pode-se dizer que em princípio todos os professores são curadores de informações educacionais, porque desconfiam de algo que não esteja coerente e sem as devidas fontes. Na verdade, os recursos tecnológicos disponíveis na *web* podem auxiliar tanto estudantes como professores a contribuir para o desenvolvimento das discussões em sala de aula. No entanto, qual é a melhor maneira de coletar e compartilhar conteúdo educacional relevante com os alunos? Quais são as melhores ferramentas de educação gratuitas para gerenciar a apresentação de recursos educacionais? (PAPPAS, 2013). Como há peculiaridades nas práticas educativas, há diversos caminhos que podem ser adotados na coleta e no compartilhamento de conteúdos educacionais, fazendo uso da ferramenta que melhor se alinhe a cada situação, de acordo com o perfil da turma e com os objetivos do curso, como podemos observar ao longo deste livro.

METODOLOGIAS ATIVAS E CURADORIA

Há uma conexão importante entre práticas de curadoria e metodologias ativas. Isso porque a linha que as une em termos de concepção pedagógica é a aposta que se faz na autonomia dos aprendizes, no espaço para que tenham e exerçam sua voz nos projetos comuns e, principalmente, na formação com base na vivência de experiências, com apresentação de resultados.

Estudos teóricos desenvolvidos nas últimas décadas já destacavam as capacidades relacionadas a reflexão, práticas de diálogo e valorização da negociação, buscando constituir ambiências para as melhores aprendizagens. Disso decorre o valor intelectual e humano do sujeito aprendiz, criando vozes e possibilidades de atuação (BRUNER, 1997; AUSUBEL, 1982).

Nesse aspecto, já se constatam propósitos das metodologias ativas que focam seus processos no aprendiz participativo, pois essas dão foco à ação do aluno, concebendo-o de forma autônoma, formando-o para assumir responsabilidades no seu trajeto de aprendizagem. Elas também se relacionam a métodos e atividades considerados também ativos, entendendo que os processos de orientação e esclarecimento de tarefas sejam primordiais.

"Compreendemos Métodos Ativos e Atividades de Ensino como processo 'de fazer fluir' naturalmente o ímpeto, a energia próprios do desenvolvimento mental e a vontade natural de aprender do aluno, direcionando-os à aprendizagem escolar" (TAGLIEBER; ROSSO, 1992, p. 37).

Dessa forma, em função do propósito de expandir inúmeras capacidades por fatores como acesso à informação, tratamento desta, criticidade, aparelhamento e uso tecnológico, entre outros aspectos apresentados nos itens anteriores, a curadoria educacional, observada tanto do lado das práticas do professor como das do aluno, relaciona-se diretamente aos propósitos das metodologias ativas.

É importante destacar que as metodologias ativas promovem formas de curadoria, principalmente, porque propiciam autoconsciência dos alunos sobre a aprendizagem por meio de reflexão e avaliação, segundo estes aspectos destacados por Vickery (2016, p. 94):

- o que está fazendo e por quê?
- o que o ajudou a acessar e a alcançar a aprendizagem?
- como se sente em relação a isso?
- está preparado para perseverar em busca de resultados?
- por que está fazendo isso?
- aonde isso vai nos levar?

Assim, as metodologias ativas possibilitam um processo consciente dos aprendizes sobre como se desenvolve sua aprendizagem, incorporando práticas de responsabilidades sobre como atingir esses propósitos, além de atribuir significado ao que se empreende nesse contexto. Isso faz com que os aprendizes participem dos processos decisórios que implicam sua aprendizagem. Para tanto, Vickery (2016, p. 94) sugere algumas perguntas:

- o que você acha que aprendeu?
- por que você acredita nisso?
- de que modo sua compreensão ou seu conhecimento mudaram?

Essas relações dialógicas promovem proximidades e, no mínimo, aplicação dos suportes educacionais que foram discutidos no capítulo 5 (ver p. 67).

O que caracteriza as metodologias ativas

Além dos aspectos destacados ao longo desse livro, pode-se destacar a prática da "cultura da indagação", o que pode caracterizar fortemente as metodologias ativas associadas à curadoria. Assim, destaca Vickery (2016, p. 44):

- posicionamento dos estudantes no centro das decisões sobre a aprendizagem delas;
- aprendizagem modelada e entusiasmo compartilhado;
- espaço físico;
- aprendizagem ativa em todo o currículo;
- auxílio à indagação colaborativa;
- relação mais próxima entre professor e aluno;
- linguagem clara e debate;
- grupos eficazes;
- desenvolvimento de ambiente solidário; e
- aprendizagem baseada em problemas relacionados à vida.

Tais aspectos devem contemplar as escolhas de abordagens, produções, projetos, experiências e planos de ensino, observando-se o contexto, o perfil dos alunos e as finalidades das ações educacionais dessa natureza.

As tecnologias, inerentes às abordagens desse âmbito, justificam-se também por ações híbridas de ensino, combinando o presencial com o ensino *on-line*, o que enfatiza reconhecer, metodologicamente falando, que não existe uma forma única de aprender, nem de ensinar, mas a construção de combinações equilibradas de recursos pautadas nos objetivos a serem alcançados.

Apoiando o aluno pesquisador

No movimento da escola nova, Dewey (1959) já entendia a pesquisa como uma atividade essencial para a aprendizagem, destacando-a como manifestação do ato de pensar. Dessa forma, para o autor, o pensar é investigar.

O aluno valorizado como pesquisador nos projetos pedagógicos dos quais faz parte também se vê valorizado. Da mesma forma, os métodos de investigar são mais reconhecidos em seus própositos e se tornam um bom mediador para as ações de curadoria educacional, podendo contribuir de forma mais marcante nas trocas intelectuais que demandam argumentação, conteúdos, referências mais aprofundadas.

Para Uchôa *et al.*,

> [...] tem-se defendido a ideia de que a escola tem o papel de formar seres críticos e participativos, conscientes de seu papel nas mudanças sociais. O mundo atual, com tantas mudanças e novas demandas, exige, dos indivíduos, habilidades e atitudes diferentes das observadas em épocas anteriores. (UCHÔA *et al.*, 2008, p. 25)

Levando em conta esse pensamento, os autores consideram que o aluno pesquisador deve participar de projetos, que o levam a colocar a mão na massa e a se motivarem para investigar, registrar e tomar decisões.

Os autores discutiram com alunos sobre suas opiniões a respeito da atividade de pesquisa e chegaram às seguintes conclusões:

> a) para os alunos, pesquisar é saber aprofundar mais em um determinado assunto. Acreditam que é necessário consultar muitas fontes para a obtenção de vários pontos de vista;
> b) os alunos realizam as pesquisas de duas formas: 1) Com o objetivo de satisfazer o professor e cumprir com o dever escolar, entendendo a pesquisa como copiar e colar da internet. 2) Entendendo a pesquisa como um trabalho mais elaborado. Consideram que a pesquisa deve ser realizada por alunos mais velhos, sendo necessário mais "maturidade". Quando é desenvolvido um projeto maior e mais envolvente, a pesquisa é realizada com mais cuidado. (UCHÔA *et al.*, 2008, p. 27)

É importante destacar, com base no estudo desses autores, a necessidade de ampliar ou rever o conceito de pesquisa praticado em ambiente escolar. Dessa forma, se pensarmos nas funções da pesquisa, de acordo com Plomp *et al.* (2018), é possível destacar os aspectos mostrados na figura 7.1

Figura 7.1 – Funções de pesquisa.

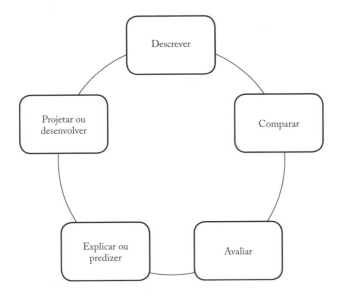

Fonte: adaptada de Plomp *et al.* (2018, p. 28).

Vale ressaltar que a figura circular denota a ideia de que podem ser desenvolvidas atividades com os alunos de forma continuada, levando-se em conta infinitas possibilidades de criação, seja individualmente, em pares ou em grupos. É preciso que fiquem claros aos alunos os aspectos de movimento, de continuidade, de várias alternativas de reestruturação dos pensamentos, havendo sempre a oportunidade de agregação de novas ideias e opiniões que eventualmente sejam aventadas pelos participantes, respeitando-se a capacidade de criação de todos os envolvidos. Tais funções poderiam ser interpretadas conforme a seguir.

- **Descrever:** Solicitar uma ação – por exemplo, um levantamento de dados para que se tenha uma visão preliminar sobre um fato. Pedir, então, a descrição desse fato com mais detalhes, com o foco de pesquisa já delimitado. Por exemplo, considerando-se problemas recentes no nosso país envolvendo desastres com barragens de rejeitos tóxicos, poderia ser proposta a descrição dos dados de barragens que existem no Brasil, números, localização, etc.

- **Comparar:** Prosseguindo no exemplo apresentado no item anterior, é possível comparar os dados das barragens de Brumadinho e de Mariana (Minas Gerais) em termos de risco, volume da lama, contaminação dos rios. Os alunos poderiam ser provocados a avançarem em suas pesquisas, buscando características de outras barragens que apresentem possibilidade de rompimento.

- **Avaliar:** Sugestões para avaliar seriam, por exemplo, verificar quais são os pontos fracos e fortes. No exemplo aqui adotado, analisar separadamente os desastres ambientais de Mariana e de Brumadinho e avaliar volumes de investimentos, medidas de prevenção em relação a rompimentos, atitudes tomadas após o rompimento para conter os danos, etc.

- **Explicar ou predizer:** Com base na análise de dados, observar quais são as causas de certos comportamentos. No exemplo que está sendo aplicado, discutir e debater as causas do desastre, sugerindo que se apontem possíveis responsáveis, funções envolvidas no funcionamento de barragens, o cotidiano do ambiente de trabalho, etc.

- **Projetar e desenvolver:** O que se pode fazer para melhorar o quadro. Na prática, seria discutir e apresentar soluções claras baseadas no trabalho elaborado com os dados.

Deve-se enfatizar que uma função de pesquisa pode estar atrelada a direntes desenhos de pesquisa, bem como a diferentes tipos de projetos. De modo geral, a pesquisa escolar deve abarcar os seguintes pressupostos:

- o aluno pode fazer pesquisa desde um estágio mais elementar, assim a pesquisa não deve ser vista como um privilégio dos alunos das séries mais avançadas. A vantagem é ensinar desde cedo o gosto pela investigação e pela utilização de sistemática de pesquisa, mesmo que elementares;
- a maturidade para fazer pesquisa escolar pode ser alcançada à medida que novos desafios, adequados aos interesses dos alunos, são colocados constantemente e avaliados em sua eficácia de aprendizagem;
- a pesquisa não deve ser tratada como uma atividade para satisfazer aos interesses dos professores. Ela deve ser negociada como estratégia legítima de aprofundamento de informações sobre determinado assunto;
- a pesquisa escolar deve ser informada passo a passo, para que haja escolha clara de problemas, recursos e métodos. Portanto, a comunicação e a linguagem para tal comunicação devem ser adequadas aos perfis de alunos;
- a pesquisa escolar pode ser vista como um fator influenciador na formação de futuros cientistas, mas isso não deve ser visto como primeira necessidade. Deve-se preconizar que, sem as mínimas ferramentas para questionar, pesquisar e aprofundar, não se formam cidadãos para enfrentar as novas demandas sociais e tecnológicas;

- a pesquisa escolar deve explorar produtos diversificados e respaldar a comunidade escolar com soluções, orientando o aluno para a pesquisa de campo e para a cidadania.

Nesse sentido, entende-se que a curadoria educacional estimula a ampliação da pesquisa escolar e impõe desafios de projetos investigativos, os quais lidam direta ou indiretamente com padrões científicos, o que demanda preparação e capacitação contínua dos atores envolvidos e adequação dos planejamentos didáticos e de ensino.

PROCEDIMENTOS PRÁTICOS COM DIFERENCIAL METODOLÓGICO ATIVO PARA CURADORIA

8

As metodologias mais inovadoras praticadas em sala de aula necessitam de um longo e engajado trabalho de pesquisa e de entendimento dos recursos, valores e propósitos educacionais, exigindo de professores preparação e interação constantes com seus alunos. A prática da pesquisa e a transformação de um aluno pesquisador antecedem o aprofundamento de ações de um professor pesquisador, ou melhor, de um time de educadores, que envolve pessoas que se importam com a qualidade das práticas na escola.

Dessa forma, deve-se apostar em novas habilidades e competências para o desenvolvimento e a aplicação de práticas metodológicas em torno do domínio de saberes, que poderão ser expandidos, revisados, reutilizados e aplicados em outros contextos ao longo da vida.

As práticas metodológicas são o espelho da linha pedagógica adotada pela escola e influenciam diretamente os resultados de aprendizagem.

Relação entre metodologias ativas e iniciativas de curadoria

Deve existir um trajeto coerente entre programas, possibilidades e formas de execução.

Segundo Garcia:

> Existem várias bases com acesso livre na internet, como a disponibilizada pelo Instituto Nacional de Estudos e Pesquisas Educacionais Anísio Teixeira (Inep), sobre a literatura técnico-científica que cobre a área de educação. Também há bases livres com acesso a referenciais da cultura e educação, como as disponíveis no portal das bases de dados CulturaEduca, portal que armazena, analisa e referencia dados e informações de pesquisas nas áreas da cultura e da educação e cujo objetivo é auxiliar no planejamento de ações comunitárias e de políticas públicas. (GARCIA, 2017, p. 215)

O acesso e o uso a bases de dados, de objetos de aprendizagem disponíveis, podem valorizar as práticas de ensino e aprendizagem. Segundo a autora, elas podem ser baseadas em:

- **jogos:** quando há grande oferta de jogos educacionais e aplicativos;
- **projetos:** quando as orientações são direcionadas à busca de uma solução a partir de problemas;
- **redes sociais:** quando são disponibilizadas informações de grupos que se alimentam por diversas opiniões e postagens sobre determinados assuntos;
- **colaboração:** focando as informações produzidas pelos próprios alunos e que são registradas e disponibilizadas.

O quadro 8.1 reúne algumas práticas, as quais podem ser aprimoradas e orientadas às iniciativas de curadoria educacional.

Quadro 8.1 – Práticas de metodologias ativas e iniciativas de curadoria.

Práticas de metodologias ativas	Iniciativas de curadoria
Aprendizagem baseada em problemas	• Desenvolver processos que ajudam a identificar problemas a serem trabalhados. • Orientar sobre buscas de referências a respeito de como abordar tais problemas. • Orientar sobre como materializar soluções a problemas com base em referências pesquisadas.
Estudos de caso	• Preparar uma lista de casos e orientar os alunos a escolherem os mais adequados à atividade proposta. • Entender que o caso é um exemplo que pode ser avaliado tanto pelo seu sucesso como pelo seu insucesso, garantindo da mesma forma aprendizagens. • Orientar sobre o que avaliar no caso e também sobre como produzir textualmente um caso.
Grupos reflexivos e grupos interdisciplinares	• Orientar sobre a formação de grupos que possam trabalhar de forma divergente e convergente as diferentes ideias. • Orientar não só com relação ao respeito a opiniões divergentes mas também sobre como processar perspectivas interdisciplinares. • Fazer com que os alunos se esforcem a conhecer diferentes formas de produzir o pensamento e como expressá-lo.

(cont.)

Práticas de metodologias ativas	Iniciativas de curadoria
Exercícios em grupo	• Propor atividades que possam ser executadas em grupos, atendendo às diversidades de perfis e ritmos de aprendizagem. • Deixar claras as diferenças de participação em um grupo, podendo ser cooperativamente ou colaborativamente.[1] • Expor e discutir as divergências e dificuldades de trabalhar com diferentes perfis de pessoas. • Trabalhar a ideia de coautoria relacionada à responsabilidade de cumprir ações designadas aos participantes.
Seminários	• Explicar aos alunos o que é um seminário e como estruturá-lo, além de esclarecer suas finalidades. • Utilizar os seminários como forma de apresentar os resultados dos processos de curadoria, bem como de discussão sobre prós e contras desse trajeto. • Organizar algumas temáticas relativas aos projetos executados, para ampliar a comunicação sobre eles, atingindo também alunos, além da turma, que não participam diretamente dele.

(cont.)

---

1 A participação cooperativa atende a tarefas específicas, visando a um todo. Já a participação colaborativa incide em todas as fases de realização de uma ação para atingir um objetivo designado.

Práticas de metodologias ativas	Iniciativas de curadoria
Relato crítico de experiência	• Esclarecer a função e a estrutura dos relatos críticos. • Criar espaços na evolução dos projetos para relatos de experiência como forma educativa com base em pontos fortes e pontos fracos, dificuldades e soluções encaminhadas. • Preparar alunos com mais dificuldade de expressão para experiências pontuais de relatos críticos, valorizando as experiências vividas.
Socialização	• Enfatizar as trocas entre grupos que conduzem trabalhos diferentes quando se escutam, debatem, integram as opiniões diversificadas. • Fazer a curadoria dos contatos e temas tratados entre eles.
Plenárias	• Abrir espaço no contexto da escola para apresentação de debates em plenárias. • Preparar os alunos sobre como se apresentarem e sobre aprimoramento de argumentação. • Incentivar o trabalho em plenárias abertas para a comunidade interna e a externa, visto que os problemas tratados nos projetos podem ser de interesse de todos.
Debates temáticos	• Produzir debates com curadoria de temas específicos vinculados aos projetos ou aos interesses dos alunos. • Monitorar as demandas para debates em sala de aula. Isso deve ocorrer à medida que algum tema se destaque em interesse e gere muitas dúvidas nos estudantes.

(cont.)

Práticas de metodologias ativas	Iniciativas de curadoria
Leitura comentada	• Fomentar acesso a bibliografias e fazer curadoria de resumos de interesse. • Levantar periodicamente "achados" dos alunos em termos de resultados de curadoria de leituras e socializar em plenárias.
Oficinas	• Identificar, nos alunos, tanto domínio sobre alguma habilidade como carências e promover oficinas para o alinhamento dessas habilidades. • Instituir periodicamente oficinas como forma de atualização em conteúdos curados, bem como em tecnologias. • Discutir com os demais professores sobre quem poderia ministrá-las, socializando conhecimentos. • Incluir alunos como condutores de oficinas de microconteúdos ou mesmo como monitores de oficinas, abraçando responsabilidades sobre a aprendizagem que devem ser comuns a todos.
Apresentação de filmes	• Desenvolver com os alunos uma curadoria de filmes que atendam aos diversos interesses de formação e criar eventos para a sua divulgação em seu aspecto educomunicativo. • Promover aulas que esclareçam as técnicas e os conteúdos dos filmes. • Curar exemplos de filmes que projetem tarefas articuladas com os programas pedagógicos.

(cont.)

Práticas de metodologias ativas	Iniciativas de curadoria
Interpretações musicais	• Incentivar o acesso a acervos musicais como forma de suporte de conteúdo além do visual. • Discutir gêneros e manifestações musicais por meio de projetos de curadoria tanto de professores como de alunos.
Dramatizações	• Trabalhar transposições de trabalhos para o âmbito das representações dramáticas e teatrais. • Trabalhar com diferentes linguagens para comunicar resultados de pesquisa. • Mesclar linguagens da dramaturgia com conteúdos interdisciplinares.
Dinâmicas lúdico--pedagógicas	• Extrair dos alunos informações sobre conteúdos lúdicos para fazer sua apropriação em curadorias para inspirações pedagógicas. • Incentivar a apropriação de elementos lúdicos como forma de prazer para estudar.
Portfólio	• Incentivar os alunos a organizarem suas produções na forma de portfólios. • Solicitar aos alunos que desenvolvam criativamente formas de apresentação de seus próprios portfólios. • Solicitar que pesquisem também ferramentas tecnológicas que possam facilitar essa forma de apresentação de portfólios, bem como socializá-los em plataformas comuns aos demais atores.

(cont.)

Práticas de metodologias ativas	Iniciativas de curadoria
Avaliação oral (autoavaliação, do grupo, dos professores e do ciclo)	• Atribuir novos conceitos de avaliação, aprofundando elementos do processo educacional como uma meta-avaliação. • Discutir abertamente critérios avaliativos que sejam adequados às atividades propostas e realizadas. • Entender a avaliação como um processo evolutivo em termos de aprendizagem, em que se mesclam esforços, responsabilidades e domínio das fases apresentadas.

Fonte: adaptado de Garcia e Czeszak (2019) e Filatro e Cavalcanti (2018).

Desse modo, selecionando as práticas que podem ser aplicadas na medida da necessidade do projeto pedagógico, pode-se diversificar a ação de curadoria e pesquisa do professor, sempre em colaboração com alunos e outros professores.

O professor-curador: além da condição de usuário de tecnologias

O professor-curador educacional deve levar em conta o reconhecimento das novas demandas que o fazem ir além da condição de usuário de tecnologias.

Da mesma forma, incorporando o espírito curador, esse professor torna-se autor, coautor e propositor de atividades que mesclem diferentes recursos, focando produtos e processos adequados para o que se quer atingir em termos educacionais e de aprendizagem.

O professor-curador deve, continuamente, avaliar suas fluências digitais e estar apto a desenvolver novas para que suportem novas habilidades e competências demandadas, como mostra o quadro 8.2.

Quadro 8.2 – Habilidades para formar professor-curador.

Demandas do professor-curador	Habilidades e competências	Práticas com autorias e coautorias mediadas por tecnologias
Dominar metodologia de projetos e interessar-se pelo tema.	Conhecer ferramentas tecnológicas e conceitos de projetos educacionais.	Planejar aulas que contemplem a metodologia de projetos, esclarecendo seus propósitos e ferramentas.
Tornar-se contínuo aprendiz digital.	Ampliar conceitos além da condição de usuário.	Fomentar uso de tecnologia para dialogar com os alunos e também buscar aprender com eles.
Ter domínio técnico do pacote Office e de ferramentas digitais.	Conduzir armazenamento em nuvem e dispositivos.	Fazer autoria de textos, apresentações, *links*, criação de *blogs*, que utilizem a colaboração em arquivos dispostos em nuvens.
Apresentar afinidade com tecnologia dentro e fora do ambiente da escola.	Personalizar o ensino.	Incorporar nas aulas conhecimento sobre aprendizagens ativas e customizadas.
Conhecer diferenciais de *games* e gamificação.	Expandir o uso de projetos para leitura e prática gamificadas.	Sugerir atividades gamificadas, com elementos dos jogos, com ferramentas específicas para tal finalidade, inovando nos projetos de curadoria e incorporando desafios.

(cont.)

Demandas do professor-curador	Habilidades e competências	Práticas com autorias e coautorias mediadas por tecnologias
Aprofundar habilidades de autoaprendizagem.	Exercitar a autonomia intelectual.	Negociar com os alunos formas de autonomia e autodidatismo que podem ser praticadas em diferentes atividades na escola: projetos, investigações, soluções de problemas, etc.
Buscar inovar nas metodologias *mobile*.	Conhecer os dispositivos móveis dos alunos.	Preparar atividades específicas para os dispositivos móveis dos alunos, em que o diferencial seja explorar o tempo e o lugar da atividade em mobilidade, além de enfatizar os microconteúdos.
Trabalhar a percepção da realidade e buscar soluções para problemas.	Analisar o contexto e a realidade no entorno do público-alvo.	Trabalhar plenárias para apresentação de projetos diretamente ligados à realidade dos alunos e enfatizar a "escuta" sobre o interesse dos alunos.
Desenvolver a capacidade de colaboração.	Estimular aprendizagens em diferentes formatos por meio de orientações individualizadas e em equipes.	Apresentar ferramentas para o desenvolvimento de trabalhos de interesse, bem como trabalhar com coautorias e plataformas compartilhadas digitalmente.

(cont.)

Demandas do professor-curador	Habilidades e competências	Práticas com autorias e coautorias mediadas por tecnologias
Usar redes sociais no cotidiano.	Fazer uma análise crítica das redes sociais.	Praticar projetos com alunos que impliquem o uso de redes sociais para comunicação de resultados de pesquisa. Sempre manter o senso crítico e as adequações para o público-alvo.
Praticar formas de colaboração e cooperação.	Inovar nas formas de interação e produção intelectual para e com os alunos.	Buscar diferenciais de trabalho que impliquem processos de interação para a construção de aprendizagens contínuas.
Conhecer a estrutura de projetos.	Ensinar a estrutura de projetos.	Elaborar com os alunos projetos, destacando suas diferentes fases e seus recursos.
Incorporar o ofício de pesquisador.	Desenvolver competências de pesquisa para o âmbito da escola.	Propiciar acesso a diferentes referências/fontes para dar suporte a projetos e formatação de comunicação para os resultados. Praticar ações investigativas para e com os alunos.
Incorporar formas de pensamento convergente e divergente.	Exercitar a capacidade de gestão de pontos de vista diferentes.	Articular os diferentes pontos de vista e contribuições para o tratamento de um problema.

(cont.)

Demandas do professor-curador	Habilidades e competências	Práticas com autorias e coautorias mediadas por tecnologias
Ter autoconfiança e criatividade.	Praticar a versatilidade nas propostas de aula.	Fazer novas combinações do que já domina em termos de métodos e metodologias de ensino com ideias inovadoras.
Questionar a própria prática.	Exercitar a capacidade de interpretação e análise.	A cada experiência realizada, colocar em xeque suas crenças e convicções para continuar se aprimorando.
Realizar a transposição de ideias para outros contextos.	Praticar estudos sobre *design* pedagógico.[2]	Fazer a transposição e a combinação de diferentes linguagens para o *design* educacional.
Ter abertura para novos desafios.	Trabalhar aprimoramentos profissionais.	Não temer não ser o centro dos conteúdos, mas buscar reconhecimento sobre o novo lugar que ocupa.

---

2 Referência de *design* pedagógico baseada na perspectiva de Behar e Torrezzan (2009).

O quadro 8.2 não deve ser entendido como um *check-list*, em que todos os processos sejam atendidos, mas como uma orientação, uma maneira inspiradora para mover mudanças na forma de atualizar-se.

Como não se trata de uma ação solitária, mas solidária, o curador educacional deve ter uma conduta de diálogos mais engajadores entre alunos e entre outros colegas professores, atuantes no contexto escolar, que se dispõem a aprofundar pesquisas e investigações com otimização de recursos distribuídos pelo e no espaço digital.

O professor-curador como aprendiz

Observando o diferencial didático dos aspectos da curadoria educacional, que extrapola conceitos de ser uma metodologia ou uma abordagem, constata-se que o que deve prevalecer é o papel inovador do professor, o que implica tratar soluções educacionais adequadas ao seu tempo, com recursos bem escolhidos atendendo a necessidades levantadas quanto ao perfil de seus alunos, atraídos ativamente para sua aprendizagem (VICKERY, 2016).

O quadro 8.3 enfatiza o papel do professor aprendiz. Segundo Garcia e Czeszak (2019), devem-se trabalhar algumas interações com o próprio conhecimento, a fim de tornar-se educador e aprendiz ao mesmo tempo.

Quadro 8.3 – Interações para a busca de conhecimento pelo educador aprendiz.

Desenhar planos de aulas em que os projetos interdisciplinares possam demandar dos alunos o acesso a fontes digitais e que propiciem transformações e combinações criativas por parte deles.
Desenvolver atividades em que os alunos possam atuar em processos autônomos, responsáveis, ao mesmo tempo que busquem interações com seus pares e comunicações sobre as soluções encontradas.
Criar disposição e interesse nos alunos para que pesquisem problemas reais e, assim, tornem-se responsáveis por apresentar soluções aplicáveis.
Trabalhar proposições de trajetos de pesquisa, em que a finalidade seja enriquecer a oferta de fontes pesquisadas com diferencial de qualidade.
Trabalhar formas de avaliação em que o valor do aluno--pesquisador seja relevante, em relação não apenas ao processo como também aos resultados objetivos em suas proposições.
Criar cartografias visuais, na forma de infográficos, sobre onde encontrar e dispor informações a respeito de determinados focos de pesquisa, a fim de comunicar resultados a todos.
Envolver diferentes níveis escolares em projetos nos quais haja necessariamente variedade de acessos e formas de investigação, trazendo novas perspectivas com base nos desafios propostos.
Criar comunidades críticas sobre as soluções trazidas a problemas reais, buscando aprimoramentos.
Fazer um inventário de ferramentas tecnológicas digitais disponíveis, para dar sustentação.

Essas interações relacionadas com a busca e a atualização daquilo que o professor-curador domina conduzem a uma nova condição, de forma mais sistemática, relacionada não só ao aprimoramento profissional como também ao fortalecimento da autoestima e ao valor humano.

Projetos e a curadoria educacional

O planejamento de curadoria educacional que envolve o desenvolvimento de projetos não deve ser pautado como um projeto isolado, ou restrito a uma turma de alunos. Deve ser resultado de uma discussão democrática sobre o papel da curadoria e seus benefícios voltados à melhoria da qualidade do ensino e, consequentemente, da aprendizagem.

Projetos investigativos que partem de uma problemática atual, negociada entre professores e alunos, produzem mais significado – inicialmente, despertado pelo tema e, ao longo do projeto, em razão do envolvimento e dos resultados apresentados em processo.

Com base em Plomp *et al.* (2018), podem-se extrair diferentes abordagens e desenhos de projetos educacionais em que se articulam suas diferentes funções, como mostra o quadro 8.4.

Quadro 8.4 – Desenho de pesquisa e funções.

Desenho de pesquisa	Funções
Pesquisa de levantamento (*survey*)	Descrever, comparar, avaliar.
Estudo de caso	Descrever, comparar, explicar.
Pesquisa experimental	Explicar, comparar.
Pesquisa-ação	Projetar/desenvolver uma solução para um problema prático.

(cont.)

Desenho de pesquisa	Funções
Etnografia	Descrever, explicar.
Pesquisa correlacional	Descrever, comparar.
Avaliação	Determinar a efetividade de um programa.

Fonte: adaptado de Plomp *et al.* (2018, p. 29).

Processos de pesquisa

A curadoria está ancorada em processos de pesquisa, mais especificamente, a pesquisa-aplicação (SHAVELSON; TOWNE, 2002 *apud* PLOMP *et al.*, 2018). Os aspectos apresentados abaixo podem se constituir em guias para iniciar uma curadoria por projetos:

- Formular questões que sejam significativas para desencadear a investigação pelos alunos.
- Apresentar métodos e instrumentos de pesquisa que possam ir direto à questão a ser investigada (*sites*, aplicativos, ferramentas digitais em geral).
- Envolver-se em um processo de explicação clara no qual haja abertura para questionamentos.
- Dar instrumentos para organizar a coleta de dados e formatar sua filtragem, sua preparação e sua divulgação.

Curadoria na prática

Nessa linha de raciocínio, apresentada ao longo deste livro, destacam-se cinco aspectos para começarmos essa conversa sobre curadoria educacional na prática, pautando-se em contextos atuais:

1. A mediação das tecnologias digitais de informação e comunicação, em que é necessário valorizar as pesquisas e as boas fontes de informação, atualizando métodos e metodologias de ensino.
2. A necessidade do professor em contexto escolar de abarcar tais inovações atendendo ao perfil do aluno atual.
3. A revisão e a apropriação de metodologias aplicadas nas escolas por professores, buscando tratar essas novas demandas.
4. A grande quantidade de informação circulante e que deve produzir novos e pertinentes sentidos a quem aprende/a quem ensina sob as condições e os efeitos da mediação tecnológica digital.
5. A necessária e urgente preparação de nossos alunos para que tenham poder de escolha entre muitas possibilidades de informação a serem extraídas do mundo da comunicação *on-line*, em termos de escolher o que é bom ou não para o consumo intelectual e formativo, ou o que é verdade e o que é mentira, bem como posicionar-se sobre isso.

Vamos mostrar um caminho, entre outros possíveis, para uma prática curadora seguindo alguns passos.

Passo 1: idealizar o projeto de curadoria com base em um *design* pedagógico

O projeto de curadoria inicia-se com base nos pressupostas do *design* pedagógico dessa atividade: analisar, planejar, desenvolver/implantar e avaliar.

Analisar:

- qual a competência a ser melhorada;
- público-alvo;
- contexto;
- objetivo de aprendizagem.

Planejar:

- como executar o que se fez na análise;
- quais os recursos envolvidos;
- o prazo que a atividade vai demandar;
- as formatações que ela vai poder apresentar.

Desenvolver/implantar:

- detalhar as orientações;
- implantar as ações.

Avaliar:

- se resultados de aprendizagem foram atingidos;
- se aprimoramento é necessário.

Passo 2: eleger um objetivo para a sua curadoria

Para exemplificar de maneira mais próxima à realidade, elegeu-se o objetivo: checar a validade e a profundidade das informações sobre o rompimento da barragem da Vale do Rio Doce em Brumadinho e propor soluções para resolver tais problemas.

Passo 3: apresentar tópicos para a pesquisa

O professor apresenta alguns tópicos para que possam ser negociados com os alunos sobre suas preferências de pesquisa sobre o assunto:

- Os alunos também podem acrescentar novos tópicos de interesse em torno do assunto.
- Importante destacar a formação voltada à realidade brasileira: o desastre de Brumadinho mobilizou todas as camadas da população, a opinião pública, órgãos governamentais, empresas, etc.

Esses focos podem ser apresentados como mostra o quadro 8.5.

Quadro 8.5 – Exemplo de tópicos norteadores da curadoria com alunos.

O que é uma mineradora.
O que é uma barragem.
O que é a Vale do Rio Doce e qual é seu relacionamento com a mineração.
Histórico de outros desastres ambientais com barragens de mineradoras.
Discussão sobre os responsáveis: empresas/governo.
Danos ambientais com o rompimento de barragens.
Danos para a sociedade com questões da psicologia: perdas e tristeza.
Legislação sobre a operação das mineradoras e a segurança da população.
Soluções para o caso pesquisado.

Passo 4: valorizar o pensamento crítico e a coerência argumentativa

Nesse momento o professor pode escolher técnicas que enfatizam o pensamento crítico, ação fundamental para dar suporte ao projeto de curadoria.

O pensamento crítico nasce da capacidade de raciocinar e de pensar com lógica, analisar e julgar as situações adequadamente, valendo-se de uma base bem fundamentada e originária de boas fontes. A argumentação ocorre à medida que o aluno tem conteúdo checado e de alta qualidade para poder defender posições.

Assim, os alunos devem ser "curados" quando:

- aprofundarem dados para compreender seu significado e suas intercorrências;
- procurarem ver as situações com base em vários ângulos e levantar argumentos consistentes;
- produzirem tomadas de decisão sobre escolhas;
- trabalharem os aspectos emocionais e racionais para o tratamento de uma temática como a exemplificada;
- promoverem espaços para a autonomia e a responsabilidade.

Passo 5: dar orientações sobre a construção dos projetos

Nesse passo, o professor fornece orientações e suporte teórico sobre a natureza dos projetos a serem desenvolvidos com base no objetivo. Nesse momento, a curadoria envolve-se com um diálogo a fim de estruturar os projetos com base nos tópicos escolhidos e que depois deverão se articular entre os demais grupos para a formatação final de um produto ou de uma solução de pesquisa.

Segundo Gravemeijer e Cobb,

> [...] os projetos de pesquisa envolvem um grupo de pesquisa que assume a responsabilidade pela aprendizagem de um grupo de estudantes por um período. Usamos também a metáfora das ecologias de aprendizagem para enfatizar que os ambientes de aprendizagem são concebidos como sistemas interativos, e não como uma coleção de atividades ou uma lista de fatores desconexos que influenciam a aprendizagem. (GRAVEMEIJER; COBB, 2018, p. 89)

Para tanto, em relação à ecologia de aprendizagem, é importante que nesse momento do projeto os alunos conheçam as funções de pesquisa e possam também dominar fontes, *sites*, bibliografia. Da mesma forma, eles devem conhecer e definir conjuntamente as tarefas que vão levar à resolução dos problemas de pesquisa e serem orientados pela curadoria sobre os meios, passos e recursos a utilizar.

Passo 6: realizar curadoria para a checagem de *fake news*

A checagem de *fake news* não é tão simples de ser realizada, porém é muito importante educar para o discernimento, a escolha, a filtragem e o uso da informação. Trata-se de um processo que envolve formação para a cidadania e responsabilidade, não só pelas escolhas de uso de informação como também em relação à republicação e à distribuição de notícias não verdadeiras.

A UOL – Universo on-line – tem um trabalho de checagem de notícias falsas que pode ser consultado a qualquer momento, chamado UOL Confere.[3]

O professor pode também utilizar e depois sugerir a seus alunos o uso da ferramenta *fact-checker*, disponibilizada pelo jornal norte-americano *The Post*. Eles usam a figura de pinóquios para mostrar o grau de mentira de determinada informação e apresentam uma revisão semanal do que é verdadeiro, falso ou, ainda, intermediário.

Torna-se importante destacar a atenção aos princípios éticos, que abrangem códigos de conduta com respaldo internacional do Poynter Institute e também checagem com trabalhos de auditores internacionais. Essa agência oferece um programa de treinamento e capacitação voltado a estudantes e profissionais de diversas áreas sobre técnicas básicas de *fact-checking* e *debunking*, conforme mostra a figura 8.1.

---

3 A Agência Lupa, especializada em *checking news*, vende suas checagens para outros veículos de comunicação, bem como as publica em seu próprio *site*. As checagens são realizadas em textos, vídeos, áudios e fotos e possuem temática diversificada.

Figura 8.1 – Técnicas de *fact-checking* e de *debunking*.

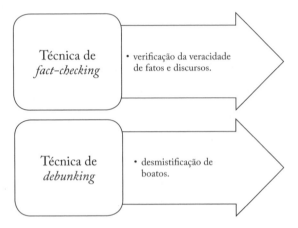

Assim, uma técnica deve facilitar a outra. Fazer o *fact-checking* é uma forma de educar para a sensibilidade sobre a notícia falsa. Já a técnica de *debunking* procura a desmistificação de boatos, buscando apresentá-los com uma menor importância que a que lhes fora dada. Isso tem a ver com assuntos emergentes que podem mudar atitudes de consumidores e eleitores, por exemplo.

Segundo Edel Weiss,

> [...] os pesquisadores identificaram que apenas a metade dos que consumiram a notícia falsa tiveram algum contato depois com a versão publicada por um *site* de verificação de fatos". Na verdade, isso se aplica – que aplica a metodologia que o jornalismo chama de *fact-checking* ou *debunking*. (EDEL WEISS, 2018)

Uma das primeiras abordagens de *fact-checking* é analisar vídeos e fotos: se não são antigos e foram reutilizados para o fato atual, ou mesmo se estão nos contextos apropriados. Por exemplo, quando houve a tragédia de Brumadinho, foram publicadas uma foto de uma mulher com o corpo coberto de lama e uma foto do abraço do bombeiro sujo de lama em um sobrevivente, bem como um vídeo que mostra o momento do rompimento da barragem.

Esses elementos informacionais devem provocar os seguintes questionamentos de *fast-checking* entre alunos e professores:

- verificar se há adequação da foto à tragédia, se falta coesão entre o texto e a ilustração;
- checar datas de imagens que já estavam divulgadas nas redes sociais – verificando, por exemplo, pelo Google Imagens;
- rastrear alguma manifestação de pessoas denunciando a não validade das imagens;
- verificar se as imagens já tinham sido divulgadas por órgãos de notícias tradicionalmente consagrados;
- verificar se as fotos e os vídeos apresentam vínculos fortes com a realidade, para que sejam tomados como provas;
- refletir sobre o tom do discurso dado às informações e o modo como estão dispostas, bem como sua imprecisão.

Passo 7: aplicar ferramentas para organizar e apresentar os conteúdos curados

Existem ferramentas disponíveis e de livre acesso na internet, que podem dar suporte tanto ao processo curatório como o relacionado à apresentação de resultados. O quadro 8.6 apresenta as finalidades dos processos de curadoria e as ferramentas indicadas.

Quadro 8.6 – Finalidades dos processos de curadoria e sugestões de ferramentas.

Finalidade da curadoria educacional	Sugestão de ferramenta
Para a criação de mapas mentais e apresentações.	GoConqr
Para a organização de informação em cadernos digitais, visando reunir conteúdos pesquisados pelos alunos.	OneNote

(cont.)

Finalidade da curadoria educacional	Sugestão de ferramenta
Para a criação de infográficos.	Piktochart e Infogram
Para a criação de avaliações.	Plickers e Kahoot
Para a criação de narrativas em quadrinhos, com conteúdos preparados pelos alunos.	Pixton e ToonDoo
Para a criação e o compartilhamento de imagens interessantes encontradas na *web*.	Pinterest
Para organizar, coletar, organizar e compartilhar tudo de que se gosta na *web*.	Pearltrees
Para adicionar todos os *links* mais importantes levantados na pesquisa.	Symbaloo
Para receber as últimas notícias e compartilhá-las em redes sociais.	Scoop.it
Para descobrir, compartilhar e discutir conteúdo interessante nas pesquisas.	eLearning Tags
Para o gerenciamento de conhecimento, com destaque dos *sites* que mais interessam e criação de grupos para compartilhar seu conteúdo.	Diigo
Para a criação de linhas do tempo, incorporando texto, imagens e vídeos.	Dipity

Passo 8: formatar a solução proposta pela curadoria

A solução proposta pela curadoria é participativa e composta pelos seus atores. O importante é que os alunos encontrem meios para expor, apresentar e defender o que formularam, ao mesmo tempo que se desenvolvem em diferentes formatos de apresentação.

Eles podem criar narrativas em vídeos, imagens e texto e também evidenciar as diferentes fontes que foram pesquisadas e checadas. Isso dá um valor pessoal e compartilhado e explora as funções de determinadas ferramentas, como as expostas no tópico anterior.

É muito importante que o professor valorize o momento da apresentação dos resultados das produções dos alunos, buscando estratégias para que eles observem e comentem as produções dos colegas. O professor pode, por exemplo, propor formas de eleger, com os alunos, os melhores trabalhos, divulgando-os em toda a instituição, ou até mesmo na comunidade local, por meio de exposições dos trabalhos de forma virtual ou presencial.

Passo 9: avaliar

A avaliação da atividade apoia-se, basicamente, em dois aspectos dialógicos:

- **pontos fracos e fortes:** relacionados com a visão crítica e a voz que é dada ao aluno;
- **assimilação de** *feedbacks***:** relacionada com o nível de interação estabelecido no ambiente de aprendizagem para alcance dessa tarefa.

Portanto, a avaliação é feita com foco na satisfação do aluno em apresentar suas propostas e seus resultados. Assim, a avaliação não deve ser feita apenas pelo professor, mas contar com a participação de todos os envolvidos, como forma de valorizar a opinião dos alunos e também de levá-los a respeitar e reconhecer a qualidade (e os defeitos!) de seu trabalho e também do trabalho dos colegas.

CONSIDERAÇÕES FINAIS 9

O ritmo de mudança em todos os campos de comunicação, tecnologias e mídia permitiu o crescimento necessário, bem como criativo e real, das abordagens para ensinar e aprender buscando dar respostas mais consistentes à sociedade atual.

A problemática do professor-curador não é somente enfrentar pedagogicamente a quantidade de informações em suas práticas, ou enfrentar as novidades tecnológicas emergentes, mas elaborar planejamentos e atividades que possam ampliar conceitos, referenciais, bases para que o conhecimento seja ampliado, coproduzido, refletido criticamente e reelaborado.

O professor-curador deve ter compromissos com processos de engajamento para a resolução de problemas colaborativamente definidos e competências para a pesquisa. Dessa forma, ele também assume o papel de um organizador de conteúdos focado em investigações e pesquisas que tenham escolhas e envolvimento dos alunos.

Acredita-se que, dessa maneira, o professor-curador educacional possa mobilizar interesses, raciocínios e vínculos mais afetivos e efetivos dos alunos com o que se aprende, a fim de construir e propor trajetos com mais dedicação por parte dos alunos, para que possam ir um passo além. Aprender, nesse caso, torna-se um processo de ressignificação de sentidos, baseado em novas perspectivas e novos olhares sobre o que se conhece, ampliando-se as lentes sobre eles.

Se os educadores precisam preparar os alunos para a vida, absorvendo senso crítico, utilizando várias fluências e linguagens, considera-se o trabalho de curadoria imprescindível.

Isso significa necessariamente entender que os alunos aprendem habilidades de consumo, pesquisa e produção de conteúdos, ao mesmo tempo que precisam também participar da avaliação de seu desenvolvimento. Isso também significa que os professores aproveitam a oportunidade para integrar em suas salas de aula a aprendizagem informal que os espaços e plataformas de redes sociais fornecem.

Além disso, a curadoria já se faz presente nas salas de aula, sob determinados aspectos, há décadas. A diferença atual é a incorporação de abordagens críticas para o enquadramento, o viés, a análise de agendas e perspectivas no panorama da informação que tem ocorrido há relativamente pouco tempo.

Curadoria é o que todos fazemos em nossos *laptops*, *tablets* e telefones, em nossas redes sociais e navegadores. Começa desde uma idade jovem e continua como uma competência ao longo da vida, na medida em que organizamos nossos conteúdos e os qualificamos para que sejam resgatados para outras aplicações futuras.

A expectativa é ampliar novas abordagens para o envolvimento crítico em torno do uso, da criação e da expressão de mídia por meio da curadoria, podendo ajudar a construir abordagens de ensino e aprendizagem mais significativas para o panorama de mídia participativa de hoje.

O professor-curador é, em primeiro plano, um organizador que tem engajamento e envolvimento. Ele usa o raciocínio lógico e, ao mesmo tempo, é sensível e intuitivo com relação aos perfis e interesses de seus alunos, buscando consensos e atitudes que expressam avanços bem como dificuldades. Ele deve se capacitar a gerir recursos tecnológicos digitais visando modificar as realidades do cotidiano escolar, com responsabilidade pelas escolhas que irá orientar. Suas ações não podem ser solitárias, mas solidárias, seja entre seus colegas, seja com seus alunos, seja com a direção da escola, os quais devem se beneficiar diretamente com procedimentos colaborativos e cooperativos.

Um destaque a ser apontado nesses capítulos são as ações orientadas aos aprendizes, articulados em seus papéis, desempenhados não só com mais autonomia, com poder de escolha e de decisão, como também de forma mais colaborativa, em função do suporte que um professor-curador educacional pode prover para mover projetos em grupo, preservando também perfis e ritmos individuais. Essa seria uma das realizações do professor-curador, que deve ter compromissos com processos de engajamento para a resolução de problemas e competências para a pesquisa.

Buscou-se também evidenciar processos inerentes ao curador educacional, em que se aplicam metodologias ativas, operadas por estratégias pedagógicas praticadas no ensino híbrido, tanto incluindo processos de estações rotativas (HORN; STAKER, 2015) como enfatizando projetos que viabilizam pesquisas, privilegiando buscas, interpretações, categorização e domínio de linguagens além da textual, incluindo-se a audiovisual, a dos jogos em aplicativos, a de interfaces interativas, etc. (BENDER, 2016).

Esperamos que as ideias e sugestões apresentadas conduzam a novas abordagens criativas e críticas para o ensino com e sobre a mídia digital nas salas de aula de hoje e de amanhã.

REFERÊNCIAS

ABBOTT, D. DCC Briefing paper: what is digital curation? **Edinburgh Research Archive**, 28 abr. 2008. Disponível em: https://www.era.lib.ed.ac.uk/handle/1842/3362. Acesso em: 13 nov. 2017.

ABBOTT, D. Digital curation and doctoral research. **International Journal of Digital Curation**, v. 10, n. 1, 2015. Disponível em: http://www.ijdc.net/index.php/ijdc/article/view/328. Acesso em: 17 nov. 2017.

ALHEIT, P.; DAUSIEN, B. Processo de formação e aprendizagens ao longo da vida. **Educação e Pesquisa**, São Paulo, v. 32, n. 1, jan.-abr. 2006. Disponível em: http://www.scielo.br/scielo.php?script=sci_arttext&pid=S1517-97022006000100011. Acesso em: 28 jan. 2019.

ARMANO, D. Six social media trends for 2010. **Business Week**, 2 nov. 2009. Disponível em: https://hbr.org/2009/11/six-social-media-trends. Acesso em: 2 jan. 2018.

ASHLEY, K. IDCC10 Keynote. **Proceedings of the 6th International Digital Curation Conference**, 2010. Vídeo. Disponível em: http://vimeo.com/17614413. Acesso em: 3 dez. 2017.

AUSUBEL, D. P. **A aprendizagem significativa**: a teoria de David Ausubel. São Paulo: Moraes, 1982.

BARTLETT, J.; MILLER, C. Truth, lies and the internet: a report into young people's digital fluency. **Demos**, 2011. Disponível em: http://www.demos.co.uk/files/Truth_-_web.pdf. Acesso em: 2 jan. 2018.

BATES, A. W. **Educar na era digital**: design, ensino e aprendizagem. São Paulo: Artesanato Educacional, 2016.

BEAGRIE, N. A continuing access and digital preservation strategy for the Joint Information Systems Committee (JISC) 2002-2005. **UK Web Archive**, 1º out. 2002. Disponível em: http://www.jisc.ac.uk/media/documents/publications/strategypreservation.pdf. Acesso em: 2 dez. 2017.

BEAGRIE, N.; CHRUSZCZ, J.; LAVOIE, B. **Keeping research data safe**: a cost model and guidance for UK universities. Salisbury: Charles Beagrie, 2008. Disponível em: http://www.jisc.ac.uk/media/documents/publications/keepingresearchdatasafe0 408.pdf. Acesso em: 2 dez. 2017.

BEAGRIE, N.; LAVOIE, B.; WOOLLARD, M. **Keeping research data safe** 2. Salisbury: Charles Beagrie, 2010. Disponível em: http://www.jisc.ac.uk/media/documents/publications/reports/2010/keepingresea rchdatasafe2.pdf. Acesso em: 2 dez. 2017.

BEHAR, P. A.; TORREZZAN, C. A. W. Metas do design pedagógico: um olhar na construção de materiais educacionais digitais. **Revista Brasileira de Informática na Educação**, v. 17, n. 3, 2009.

BEHRENS, M. A. Metodologia de projetos: aprender e ensinar para a produção do conhecimento numa visão complexa. *In*: TORRES, P. L. (org.). **Complexidade**: redes e conexões na produção do conhecimento. Curitiba: Senar-PR, 2014.

BENDER, W. N. **Aprendizagem baseada em projetos**: educação diferenciada para o século XXI. Porto Alegre: Penso, 2016.

BENITO, N. de. Storify fecha as portas e apresentamos as melhores alternativas. **UptoDown**, jan. 2018. Disponível em: https://blog.br.uptodown.com/storify-alternativas/. Acesso em 14 abr. 2019.

BENNETT, W. L. Changing citizenship in the digital age. *In*: BENNETT, W. L. (org.). **Civic life online**: learning how digital media can engage youth. Cambridge: The MIT Press, 2008.

BHARGAVA, R. **Manifesto for the content curator**: the next big social media job for the future? Disponível em: http://www.rohitbhargava.com/2009/09/manifesto-for-the-content-curator-the-next-big-social-media-job-of-the-future.html. Acesso em: 18 nov. 2017.

BHARGAVA, R. **The five models of content curation**. Disponível em: http://www.rohitbhargava.com/2011/03/the-5-models-of-content-curation.html. Acesso em: 18 nov. 2017.

BRENNER, E. Is there a replacement for Storify? **CopyEditing**, fev. 2018. Disponível em: https://www.copyediting.com/is-there-a-replacement-for-storify/#.XLNu-ehKjIV. Acesso em: 12 abr. 2019.

BRENT, R.; FELDER, R. M. How learning works. **Chemical Engineering Education**, v. 45, n. 4, 2011.

BRUNER, J. S. **A cultura da educação**. Porto Alegre: Artes Médicas, 2001.

BRUNER, J. S. **Atos de significação**. Porto Alegre: Artes Médicas, 1997.

CALDAS JR., E. Tipos de curadoria. **Planejamento estratégico e mídias sociais**, 5 ago. 2015. Disponível em: https://blog.edsoncaldasjr.com.br/tipos-curadoria-conteudo/. Acesso em: 29 out. 2017.

CARR, N. **The shallows**: what the internet is doing to our brains. New York: Norton and Company, 2010.

CARVALHO, A. Nenhum texto é neutro. **Editorial - Paulus**, 2015. Disponível em: https://www.paulus.com.br/portal/colunista/alexandre-carvalho/nenhum-texto-e-neutro.html#.XEnCd1xKjIU. Acesso em: 24 jan. 2018.

CASTELLS, M. **A galáxia da internet**: reflexões sobre a internet, os negócios e a sociedade. Rio de Janeiro: Jorge Zahar, 2003.

CECHINEL, C. Modelos de curadoria de recursos educacionais digitais. **Centro de inovação para a educação brasileira – CIEB**, 2017. Disponível em: http://www.cieb.net.br/wp-content/uploads/2017/10/CIEB-Estudos-5-Modelos-de-curadoria-de-recursos-educacionais-digitais-31-10-17.pdf. Acesso em: 6 abr. 2017.

CEDARS PROJECT. Final recommendations from small groups to plenary, 1999, Warwick. **Proceedings of Warwick2 Workshop on Digital Preservation**, Warwick, 1999. Disponível em: http://web.archive.org/web/19991109092233/www.leeds.ac.uk/cedars/OTHER/ warwickrec.htm. Acesso em: 30 nov. 2017.

CHARLESWORTH, A. Legal issues relating to the archiving of internet resources in the UK, EU, USA and Australia. **The Joint Information Systems Committee & The Welcome Trust**, 2003. Disponível em: http://www.jisc.ac.uk/uploaded_documents/archiving_legal.pdf. Acesso em: 30 nov. 2017.

CONSTINE, J. **Facebook plucks at Twitter with launch of news feed interest lists**, 2012. Disponível em: http://techcrunch.com/2012/03/08/facebook-interest-lists/. Acesso em: 2 jan. 2018.

CORTELLA, M. S.; DIMENSTEIN, G. **A era da curadoria**: o que importa é saber o que importa! São Paulo: Papirus, 2015.

DAHLGREN, P. Young citizens and political participation online media and civic cultures. **Taiwan Journal of Democracy**, v. 7, n. 2, 2012.

DALTON, R. **The good citizen**: how a younger generation is reshaping American politics. Washington, DC: CQ Press, 2009.

DAY, M. Connecting and preserving the World Wide Web. **The Joint Information Systems Committee & The Welcome Trust**, 2003. Disponível em: http://www.jisc. ac.uk/uploaded_documents/archiving_feasibility.pdf. Acesso em: 2 dez. 2017.

DEWEY, J. **Como pensamos; como se relaciona o pensamento reflexivo com o processo educativo**: uma reexposição. 3. ed. São Paulo: Companhia Editora Nacional, 1959.

EDEL WEISS, E. Conheça e entenda a importância do fact-checking. **Diário Catarinense**, Florianópolis, 8 mar. 2018. Disponível em: http://dc.clicrbs.com.br/sc/noticias/ noticia/2018/03/conheca-e-entenda-a-importancia-do-fact-checking-10184381.html. Acesso em: 4 fev. 2019.

ERSTAD, O.; GILJE, Ø; DE LANGE, T. Remixing multimodal resources: multiliteracies and digital production in Norwegian media education. **Learning, Media and Technology**, v. 32, n. 2, 2007.

FELDER, R. M.; BRENT, R. **Teaching and learning STEM**: a practical guide. [s.l.]: Jossey-Bass, 2011.

FILATRO, A.; CAVALCANTI, C. C. **Metodologias inovativas na educação presencial, a distância e corporativa**. São Paulo: Saraiva Educação, 2018.

FOFONCA, E.; FISCHER, M.; ESTECHE, Z. O redimensionamento da organização didática em AVA por meio da metodologia de curadoria de conhecimento: uma experiência de formação de professores em EAD. *In*: Simpósio Internacional de Educação a Distância (SIED) e Encontro de Pesquisadores em Educação a Distância (EnPED), 2016. **Formação, Tecnologias e Cultura Digital**. Disponível em: http://www.sied-enped2014.ead.ufscar.br/ojs/index.php/2016/article/view/1364. Acesso em: 18 nov. 2018.

FOFONCA, E.; VILHENA, V. C. Os processos formativos e a atuação docente na modalidade EaD: perspectivas a partir de uma nova cultura das tecnologias digitais. **Cadernos da Escola de Comunicação e Humanidades**, Curitiba, v. 1, n. 9, 2014. Disponível em: http://revistas.unibrasil.com.br/cadernoseducacao/index.php/educacao/article/view/72. Acesso em: 18 nov. 2018.

GARCIA, M. S. S. **Mobilidade tecnológica e planejamento didático**. São Paulo: Editora Senac São Paulo, 2017.

GARCIA, M. S. S.; CZESZAK, W. A. A. C. Caminhos para a prática da curadoria educacional. **Pátio**, Porto Alegre, n. 88, jan. 2019.

GARCIA, M. S. S.; SANTANA, L. Pinterest: percepções dos professores sobre seu potencial para o ensino e aprendizagem de línguas. **Revista ABT**, Rio de Janeiro, n. 202, 2016.

GRAVEMEIJER, K.; COBB, P. Pesquisa-aplicação para perspectiva de design de aprendizagem. *In*: PLOMP, T. *et al.* (org.). **Pesquisa-aplicação em educação**: uma introdução. São Paulo: Artesanato Educacional, 2018.

GROSSMAN, L. The beast with a billion eyes. **Time**, n. 30, jan. 2012. Disponível em: http://www.time.com/time/magazine/article/0,9171,2104815,00.html. Acesso em: 2 jan. 2018.

HARGITTAI, E. Survey measures of web-oriented digital literacy. **Social Science Computer Review**, n. 23, 2005.

HEDSTROM, M. Digital preservation: a time bomb for digital libraries. **Computers and the Humanities**, n. 31, 1998.

HIGGINS, S. Digital curation: the emergence of a new discipline. **International Journal of Digital Curation**, v. 6, n. 2, 2011.

HOBBS, R. **Digital and media literacy**: a plan of action. Washington, DC: The Aspen Institute, 2010.

HOBBS, R. **Digital and media literacy**: connecting culture and classroom. Thousand Oaks: Corwin Press, 2011.

HORN, M. B.; STAKER, H. **Blended**: usando a inovação disruptiva para aprimorar a educação. Porto Alegre: Penso, 2015.

HUMPHREY, J. **The content curation guide for bloggers**, 2018. Disponível em: https://jackhumphrey.com/the-content-curation-guide-for-bloggers/. Acesso em: 3 abr. 2019.

ISO 14721. **Space data and information transfer systems** – Open archival information system – Reference model, 2003.

ITO, M. **Living and learning with new media**: summary of findings from the digital youth project. Cambridge: MIT Press, 2009.

JAMES, H. *et al*. Feasibility and requirements study on preservation of eprints. **The Joint Information Systems Committee**, 2003. Disponível em: http://www.jisc.ac.uk/media/documents/programmes/preservation/eprints_report_final.pdf. Acesso em: 30 nov. 2017.

JENKINS, H. **Convergence culture**: where old and new media collide. New York: NYU Press, 2006.

JENKINS, H. *et al.* **Confronting the challenges of participatory culture**: media education for the 21st century. A Report for the MacArthur Foundation. Boston: MIT Press, 2009.

JONES, C. *et al.* Net generation or digital natives: is there a distinct new generation entering university? **Computers & Education**, v. 54, n. 3, 2010.

KAHNE, J.; LEE, N.-J.; FEEZELL, J. T. Digital media literacy education and online civic and political participation. **International Journal of Communication**, v. 6, 2012. Disponível em: https://ijoc.org/index.php/ijoc/article/view/999. Acesso em: 4 abr. 2019.

KELLNER, D. Multiple literacies and critical pedagogy in a multicultural society. **Educational Theory**, v. 48, n. 1, 1998.

KELLNER, D. Technological transformation, multiple literacies, and the re-visioning of education. **e-Learning**, v. 1, n. 1, 2004.

KELLNER, D.; SHARE, J. Towards critical media literacy: core concepts, debates, organizations, and policy. **Discourse**: Studies in the Cultural Politics of Education, v. 26, n. 3, 2005.

KELLNER, D. Critical media literacy, democracy, and the reconstruction of education. *In*: MACEDO, D.; STEINBERG, S. R. (org.). **Media literacy**: a reader. New York: Peter Lang, 2007.

KENNEDY, D. M.; FOX, B. "Digital natives": an Asian perspective for using learning technologies. **International Journal of Education and Development using Information and Communication Technology**, v. 9, n. 1, 2013. Disponível em: https://eric.ed.gov/?id=EJ1071340. Acesso em: 4 abr. 2019.

KENSKI, V. M. **Educação e tecnologias**: o novo ritmo da informação. Campinas: Papirus, 2012.

KIILI, C.; LAURINEN, L.; MARTTUNEN, M. Students evaluating internet sources: from versatile evaluators to uncritical readers. **Journal of Educational Computing Research**, v. 39, n. 1, 2008.

KUIPER, E.; VOLMAN, M. The web as a source of information for students in K-12 education. *In*: COIRO, J. *et al.* (org.). **Handbook of research on new literacies**. Mahwah: Lawrence Erlbaum, 2008.

LEFRANÇOIS, G. R. **Teorias da aprendizagem**: o que a velha senhora disse. São Paulo: Cengage Learning, 2008.

LESSIG, L. **Remix**: making art and commerce thrive in the hybrid economy. New York: Penguin, 2008.

LEVINE, A. Storify bites the dust. If you have Word-Press, you don't need another third party clown service. **CogDogBlog**, dez. 2017. Disponível em: https://cogdog blog.com/2017/12/storify-bites-the-dust/. Acesso em: 14 abr. 2019.

LOADER, B. **Young citizens in the digital age**: political engagement, young people and new media. New York: Routledge, 2007.

MACHADO, K. C.; VIANNA, W. B. Curadoria digital e ciência da informação: correlações conceituais relevantes para apropriação da informação. **Questões em Rede**, 2017. Disponível em: http://repositorios.questoesemrede. uff.br/repositorios/handle/123456789/3121. Acesso em: 13 nov. 2017.

MARMO, A. R.; LAMAS, N. C. O curador e a curadoria. **Revista Científica Ciência em Curso**, Palhoça, v. 2, n. 1, jan.-jun. 2013. Disponível em: http://www.portalde periodicos.unisul.br/index.php/ciencia_curso/article/ view/1550/1172. Acesso em: 29 out. 2017.

MIHAILIDIS, P.; COHEN, J. Exploring curation as a core competency in digital and media literacy education. **Journal of Interactive Media in Education**, 2013. Disponível em: https://www-jime.open.ac.uk/articles/10.5334/2013-02/. Acesso em: 12 dez. 2017.

MORAN, J. Metodologias ativas e modelos híbridos na educação. *In*: YAEGASHI, S. *et al.* (org.). **Novas tecnologias digitais**: reflexões sobre mediação, aprendizagem e desenvolvimento. Curitiba: CRV, 2017. Disponível em: http://www2.eca.usp.br/moran/wp-ontent/uploads/2018/03/Metodologias_Ativas.pdf. Acesso em: 4 abr. 2019.

MORAN, J.; BACICH, L. **Metodologias ativas para uma educação inovadora**: uma abordagem teórica. Porto Alegre: Penso, 2017.

MOROZOV, E. **The net delusion**: the dark side of internet freedom. New York: Public Affairs, 2011.

MOURA, A. Mobile learning: metodologias, ferramentas e práticas educativas. **ResearchGate**, 2017. Disponível em: https://www.researchgate.net/profile/Adelina_Moura/publication/322132657_Mobile_learning_metodologias_ferramentas_e_praticas_educativas/links/5a46d307a6fdcce1971b7734/Mobile-learning-metodologias-ferramentas-e-praticas-educativas.pdf. Acesso em: 4 fev. 2018.

OVADYA, A. What's worse than fake news? The distortion of reality itself. **Washington Post Journal**, fev. 2017. Disponível em: https://www.washingtonpost.com/news/theworldpost/wp/2018/02/22/digital-reality/?noredirect=on&utm_term=.ad769a4c9e55. Acesso em: 31 mai. 2018.

PAPPAS, C. Top ten free content curation tools for teachers. **Free Educational Technology**, 2013. Disponível em: https://elearningindustry.com/top-10-free-content-curation-tools-for-teachers. Acesso em: 18 nov. 2017.

PEQUENO, F. Curadoria: ensaios & experiências. **Concinnitas**, v. 2, n. 21, dez. 2012.

PLOMP, T. *et al.* (org.). **Pesquisa-aplicação em educação**: uma introdução. São Paulo: Artesanato Educacional, 2018.

PRENSKY, M. Digital natives, digital immigrants. **On the Horizon**, v. 9, n. 5, 2001.

RHEINGOLD, H. Using participatory media and public voice to encourage civic engagement. **Civic life online**: learning how digital media can engage youth, 2008. Disponível em: http://wiki.dbast.com/images/4/4b/Using_Participatory_Media_and_Public_Voice_to_Encourage.pdf. Acesso em: 4 abr. 2019.

RIBEIRO, F. Motivação e a aprendizagem em contexto escolar. **PROFFORMA**, n. 3, 2011. Disponível em: http://www.cefopna.edu.pt/revista/revista_03/pdf_03/es_05_03.pdf. Acesso em: 25 jan. 2019.

RIBEIRO, G. F. O infocalipse vem aí. **UOL Tecnologia**, mai. 2018. Disponível em: https://www.uol/noticias/especiais/ele-previu-o-apocalipse-das-noticias-falsas.htm#tematico-4. Acesso em: 31 mai. 2018.

ROSEN, L. **iDisorder**: understanding our obsession with technology and overcoming its hold on us. New York: Palgrave Macmillan, 2012.

ROSS, S. **Changing trains at wigan**: digital preservation and the future of scholarship. London: National Preservation Office, 2000. Disponível em: http://www.bl.uk/blpac/pdf/wigan.pdf. Acesso em: 30 nov. 2017.

SACCOL, A.; SCHLEMMER, E.; BARBOSA, J. **m-learning e u-learning**: novas perspectivas das aprendizagens móvel e ubíqua. São Paulo: Prentice Hall, 2011.

SANCHEZ, C. A.; WILEY, J.; GOLDMAN, S. R. Teaching students to evaluate source reliability during internet research tasks. *In*: BARAB, S. A.; HAY, K. E.; HICKEY, D. T. (org.). **Proceedings of the Seventh International Conference on the Learning Sciences**. Mahwah: Lawrence Erlbaum, 2006.

SANTOS, A. I. Inovação na educação básica e tecnologias educacionais: aplicando os 4 Rs dos recursos educacionais abertos. *In*: TORRES, Patrícia Lupion (org.). **Complexidade**: redes e conexões na produção do conhecimento. Curitiba: Senar-PR, 2014.

SANTOS, T. N. C. **Curadoria digital**: o conceito no período de 2000 a 2013. Brasília, DF: Universidade de Brasília, 2014. Disponível em: http://repositorio.unb.br/handle/10482/17324. Acesso em: 13 nov. 2017.

SAVONITTI, G. A. **Jogos digitais e aprendizagem**: características e potencial dos *games* de entretenimento para o ensino do inglês como segunda língua. 2017. Dissertação (Mestrado) – Pontifícia Universidade Católica de São Paulo (PUC-SP), São Paulo.

SAYÃO, L. F.; SALES, L. F. Curadoria digital: um novo patamar para preservação de dados digitais de pesquisa. **Informação & Sociedade**, v. 22, n. 3, 2012. Disponível em: https://search.proquest.com/openview/82ecc12d22135fd5a2510a c8fdeec623/1?pq-origsite=gscholar&cbl=2030753. Acesso em: 13 nov. 2017.

SAYÃO, L. F.; SALES, L. F. Dados de pesquisa: contribuição para o estabelecimento de um modelo de curadoria digital para o país. **Tendências da Pesquisa Brasileira em Ciência da Informação**, v. 6, n. 1, 2013. Disponível em: http://inseer. ibict.br/ancib/index.php/tpbci/article/view/102/0. Acesso em: 13 nov. 2017.

SHIRKY, C. **Cognitive surplus**: how technology makes consumers into collaborators. New York: Penguin, 2010.

SHIRKY, C. **Here comes everybody**: the power of organizing without organizations. New York: Penguin, 2008.

SIEBRA, S. de A. *et al.* Curadoria digital: além da questão da preservação digital. **Questões em Rede**, 2014. Disponível em: <http://200.20.0.78/repositorios/handle/123456789/2478. Acesso em: 6 abr. 2019.

SILVA, E. O. L. **Desenvolvimento de jogos digitais**: uma experiência com alunos do ensino fundamental II. 2017. Dissertação (Mestrado) – Pontifícia Universidade Católica de São Paulo (PUC-SP), São Paulo. Disponível em: https:// tede.pucsp.br/bitstream/handle/19795/2/Erica%20Oliveira %20Lopes%20Silva.pdf. Acesso em: 4 abr. 2019.

SWELLER, J. An evolutionary upgrade of cognitive load theory: using the human motor system and collaboration to support the learning of complex cognitive tasks. **Educational Psychology Review**, v. 24, mar. 2012.

SWELLER, J. Instructional design consequences of analogy between evolution by natural selection and human cognitive architecture. **Instructional Science**, n. 32, 2004.

TABOADA, A.; GUTHRIE, J. Contributions of student questioning and prior knowledge to construction of knowledge from reading information text. **Journal of Literacy Research**, v. 38, n. 1, 2006.

TAGLIEBER, J. E.; ROSSO, A. J. Métodos ativos e atividades de ensino. **Perspectiva**, n. 17, 1992.

TARDIF, M.; LESSARD, C. **O trabalho docente**: elementos para uma teoria da docência como profissão de interações humanas. 9. ed. Petrópolis: Vozes, 2014.

TEWKSBURY, D.; WITTENBERG, J. **News on the internet**: information and citizenship in the 21st century. New York: Oxford University Press, 2012.

THE NEW LONDON GROUP. A pedagogy of multiliteracies: designing social futures. **Harvard Educational Review**, v. 66, n. 1, 1996.

UCHÔA, E. *et al*. A formação do aluno pesquisador. **Educação e Tecnologia**, v. 13, n. 2, 2008.

UKRDS. **The UK research data feasibility study**: report and recommendations to HEFCE, 2008. Disponível em: http://www.hefce.ac.uk/finance/shared/feasibility/reports/FS28.pdf. Acesso em: 2 dez. 2017.

UKRDS. **Proposal and business plan for the initial pathfinder development phase**, 2010. Disponível em: http://www.ukrds.ac.uk/resources/download/id/47. Acesso em: 2 dez. 2017.

VICKERY, A. **Aprendizagem ativa**. Porto Alegre: Penso, 2016.

WEINBERGER, D. **Everything is miscellaneous**: the power of the new digital disorder. Chicago: Holt, 2007.

WITT, M. *et al*. Constructing data curation profiles. **International Journal of Digital Curation**, v. 4, n. 3, 2009. Disponível em: www.ijdc.net/index.php/ijdc/article/viewFile/137/165. Acesso em: 3 dez. 2017.

ÍNDICE GERAL

A

Abordagens pedagógicas da curadoria na escola 52

Agradecimentos 15

Algumas condições que apoiam as práticas de curadoria (capítulo) 75

Apoiando o aluno pesquisador 89

C

Cinco fases da curadoria de conteúdo 29

Considerações finais 121

Contextos da curadoria e transformações esperadas (capítulo) 139

Construção do termo curadoria, A (capítulo) 25

Criticidade 78

Cuidado para evitar a sobrecarga cognitiva 82

Curadoria como alfabetização midiática e digital 57

Curadoria como competência básica midiática: alunos como curadores 63

Curadoria como uma nova organização midiática 52

Curadoria como valor agregado 55

Curadoria de conteúdo 28

Curadoria educacional e digital (capítulo) 31

Curadoria na prática 110

Curadoria no âmbito artístico 27

D

Discernimentos e julgamentos sobre as informações 83

E

Educação ao longo da vida 76

F

Ferramentas organizacionais 60

Funções gerais do curador educacional (capítulo) 37

H

Habilidades e competências dos aprendizes estimuladas pela curadoria 39

I

Introdução 17

M

Metodologias ativas e curadoria 87

N

Nota do editor 7

O

O que caracteriza as metodologias ativas 89

Organizações de suporte de curadoria digital 34

P

Passo 1: idealizar o projeto de curadoria a partir de um design pedagógico 111

Passo 2: eleger um objetivo para a sua curadoria 112

Passo 3: apresentar tópicos para a pesquisa 112

Passo 4: valorizar o pensamento crítico e a coerência argumentativa 113

Passo 5: dar orientações sobre a construção dos projetos 114

Passo 6: realizar curadoria para a checagem de *fake news* 115

Passo 7: aplicar ferramentas para organizar e apresentar os conteúdos curados 117

Passo 8: formatar a solução proposta pela curadoria 118

Passo 9: avaliar 119

Prefácio – *Siderly do Carmo Dahle de Almeida* 9

Procedimentos práticos com diferencial metodológico ativo para curadoria (capítulo) 95

Processos de pesquisa 110

Professor-curador como aprendiz, O 107

Professor-curador: além da condição de usuário de tecnologias, O 102

Projetos e a curadoria educacional 109

R

Recursos abertos de aprendizagem (REAs) 80
Referências 125
Relação entre metodologias ativas e iniciativas de curadoria 96
Relevância do aluno na curadoria educacional, A 48

S

Sumário 5
Suporte educacional 1: conhecimento prévio dos alunos por parte
  do professor 67
Suporte educacional 2: interesse sobre como os alunos organizam
  mentalmente o conhecimento 68
Suporte educacional 3: motivação 69
Suporte educacional 4: aquisição de novas habilidades 70
Suporte educacional 5: seguir objetivos e fornecer feedbacks 71
Suporte educacional 6: clima social e emocional da sala de aula 72
Suporte educacional 7: autorreflexão 73
Suportes educacionais para a curadoria (capítulo) 67

T

Tipos de curadoria 26

U

Uso de ferramentas de curadoria e edição em sala de aula, O 60